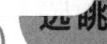

当代世界文化创意产业经典译丛

文化产业中的情境创意管理

Managing Situated Creativity in Cultural Industries

菲奥伦萨·贝鲁西（Fiorenza Belussi）
西尔维娅·丽塔·赛迪塔（Silvia Rita Sedita） 编

孙方红 译

上海财经大学出版社

本书由上海文化发展基金会图书出版专项基金资助出版

图书在版编目(CIP)数据

文化产业中的情境创意管理/(意)贝鲁西(Fiorenza Belussi),(意)赛迪塔(Silvia Rita Sedita)编;孙方红译.—上海:上海财经大学出版社,2016.7
(远眺·当代世界文化创意产业经典译丛)
书名原文:Managing Situated Creativity in Cultural Industries
ISBN 978-7-5642-2164-5/F·2164

Ⅰ.①文… Ⅱ.①贝…②赛…③孙… Ⅲ.①文化产业-研究 Ⅳ.①G114

中国版本图书馆 CIP 数据核字(2015)第 105312 号

□ 责任编辑　刘晓燕
□ 书籍设计　张克瑶

WENHUA CHANYE ZHONGDE QINGJING CHUANGYI GUANLI
文 化 产 业 中 的 情 境 创 意 管 理

菲奥伦萨·贝鲁西
(Fiorenza Belussi)
[意] 　　　　　　　　　　　编
西尔维娅·丽塔·赛迪塔
(Silvia Rita Sedita)

孙方红　　　译

上海财经大学出版社出版发行
(上海市武东路 321 号乙　邮编 200434)
网　　址:http://www.sufep.com
电子邮箱:webmaster@sufep.com
全国新华书店经销
上海华教印务有限公司印刷装订
2016 年 7 月第 1 版　2016 年 7 月第 1 次印刷

710mm×960mm　1/16　12 印张　155 千字
印数:0 001—3 000　定价:39.00 元

图字：09-2015-162 号

Managing Situated Creativity in Cultural Industries
Fiorenza Belussi，Silvia Rita Sedita
ISBN：978-0-415-61355-2

© 2011 Taylor & Francis

This book is a reproduction of *Industry and Innovation* 15.5. The Publisher requests to those authors who may be citing this book to state, also, the bibliographical details of the special issue on which the book was based.

All rights reserved. Authorised translation from the English language edition published by **Routledge, a member of the Taylor & Francis Group.** 本书原版由 Taylor & Francis 出版集团旗下 Routledge 出版公司出版，并经其授权翻译出版。

Shanghai University of Finance & Economics Press is authorized to publish and distribute exclusively the Chinese (Simplified Characters) language edition. This edition is authorized for sale throughout Mainland of China. No part of the publication may be reproduced or distributed by any means, or stored in a database or retrieval system, without the prior written permission of the publisher. 本书中文简体翻译版授权由上海财经大学出版社独家出版并限在中国大陆地区销售。未经出版者书面许可，不得以任何方式复制或发行本书的任何部分。

Copies of this book sold without a Taylor & Francis sticker on the cover are unauthorized and illegal. 本书封面贴有 Taylor & Francis 公司防伪标签，无标签者不得销售。

2016 年中文版专有出版权属上海财经大学出版社
版权所有　翻版必究

性的基础理论著作。为此,我们搜索了国外上千种相关出版物,选取了百余种备选小书库,拟不断调整充实,分批推出。在翻译要求上,力求在忠实原作基础上,注重通顺易读,尽量摒弃"洋腔洋调"。

  一个文明社会的形成必须以无数文明个人的产生与存在为前提。倘若天下尽是熙熙攘攘地为追逐钱财而罔顾其他一切,不仅与马克思所言之"人的全面解放"状态无疑相去极远,更与人性完全相悖。现代社会不仅意味着人们在物资生活层面的丰富,更加要求精神生活层面的提高。今天,文化的发展已经成为众所公认的一个急迫任务,各文化事业单位、相关高等院校和专业则理所应当地属于攻坚克难的先锋。文化的开放是文化发展的前提之一。为此,当下和未来,我们均需大量能够体现世界文化创意产业先进水平和最新进展的教辅与参考资料。围绕着文化创意产业之主题,本丛书将精选全球各主要出版公司的前沿专著和教材,从这里眺望世界,犹如登高望远,愿您有别样的视野和收获。

远眺・当代世界文化创意产业经典译丛 编委会

目 录

总序/001

1. 文化产业中的情境创意管理

菲奥伦萨·贝鲁西（Fiorenza Belussi）和西尔维娅·丽塔·赛迪塔（Silvia Rita Sedita）/001

2. 消费者共同创造和情境创意

杰森·波茨（Jason Potts），约翰·哈特莱（John Hartley），约翰·班克斯（John Banks），让·伯吉斯（Jean Burgess），瑞秋·科博克罗夫特（Rachel Cobcroft），斯图亚特·坎宁安（Stuart Cunningham），露西·蒙哥马利（Lucy Montgomery）/003

3. 从时尚到设计：工业园区的创新网络

蒂内·奥格（Tine Aage）和菲奥伦萨·贝鲁西（Fiorenza Belussi）/027

4. 表演艺术中的人际网络和组织间网络：现场音乐产业中的项目组织案例

西尔维娅·R.赛迪塔（Silvia R. Sedita）/053

每一个个人都是一个特殊历史阶段的代表。因此，创意是在特定的"情境"背景中的。

从管理的角度看，深入了解有利于整个文化产业"情境创意"的环境，包括空间和认知两个方面，是十分重要的。这本特辑所提供的理论和实证研究方面的成果，就是致力于建立起这样的知识。本书的第一篇文章，由波茨（Potts）等人完成，对经济和文化分析中情境创意概念进行了理论回顾，开启了新数字媒体产业中消费者共同创造的新视角。随后的几篇文章，从个体领域到新兴元级机构促进各类创新活动过程的分析等，都倾向于建立起一个分析创意概念潜在偏差的框架。一些文章分析了创意是如何因创意参与者的认知距离或空间距离相邻而受到激励的，也许是制造设计［见奥格和贝鲁西（Aage and Belussi）《从时尚到设计：工业园区的创新网络》］，也许是音乐演出［见赛迪塔（Sedita）《表演艺术中的人际网络和组织间网络：现场音乐产业中的项目组织案例》］，或更综合的一个艺术事件［见皮奥拉（Paiola）《文化事件是城市复兴的潜在动力：实证分析》］，等等。有两篇文章还探讨了"情境创意"现象，创意结果因艺术家的地域集聚和城市及都市文化活动而得到增强［见兰格等（Lange et al.）《柏林的创意产业：创意治理？》和莱泽瑞提等（Lazzeretti et al.）《创意产业集聚吗？意大利和西班牙本地创意生产体系测绘》］。

本特辑最后压轴的文章《文化产业网络的进化》中，乌多·史泰博（Udo Staber）提议采用进化论的分析框架，重点是将理念作为分析单位并作为与"做创造性工作"相关的微观—基础过程。文章还提出了未来在情境创意方面需要研究的重要问题。

鸣谢

本特辑始于 2007 年 5 月 21～22 日在意大利帕多瓦大学举行的"科学和艺术中的创新网络"国际会议。

杰森·波茨(Jason Potts)
约翰·哈特莱(John Hartley)
约翰·班克斯(John Banks)
让·伯吉斯(Jean Burgess)
瑞秋·科博克罗夫特(Rachel Cobcroft)
斯图亚特·坎宁安(Stuart Cunningham)
露西·蒙哥马利(Lucy Montgomery)
澳大利亚布里斯班昆士兰理工大学，ARC优秀创意产业与创新研究中心
[ARC Centre for Excellence in Creative Industries and Innovation(CCi)，Queensland University of Technology，Brisbane，Australia)]

消费者共同创造和情境创意

[内容提要] 本文从消费者共同创造的角度对新媒体的产业动态进行分析。我们发现，消费者和生产者之间的互动成为价值创造中越来越重要的源泉。我们的结论是，对于这些主题进行的文化分析和经济分析应该能够有效地结合起来，情境创意应该解释为经济和文化动态持续的共同进化过程。

1. 引言

工业动态的经济模型传统上基于生产者创新的熊彼特理论。最近，这一模型被向前推进到开放式创新模型，即生产和创新都发生于企业网络。而更进一步地延伸，是消费者—生产者共创，即消费者通

过新兴网络技术进入生产和创新的过程,新兴网络技术使热衷的消费者微社区有可能参与到这个过程中来。本文就是讨论这种创新和产业兴起及发展的文化模型的功效。消费者—生产者共创的情形在新数字媒体产业可以大量观察到,比如在线游戏和视频托管网站等,不仅仅是新的信息技术(互联网)领域的技术革命使之成为可能,而且也是由此产生出新的商业模式和文化模式(即用户创造内容)带来的。因此,我们认为,对这一领域的研究打开了认识新的生产模式和创新模式更广泛潜力的早期窗口。

情境创意概念在这里所指的是,作为生产和创新基础的创意延伸至消费者,因而称为处于这种情境关系之中。然而,情境创意是与静态创新理念不同的一种动态形式,它不是被置于一地或一个空间,而是强调创意的转移性和期望性特征。为了引起重视,我们进一步强调消费者共同创造这一制度谱系的存在,包括了从明显的社区人到明确的以市场为中心的各类机构,他们需要不同的商业模式和拥有不同的隐性契约。因而我们认为,经济动态和文化动态的联合进化是创意的基础,支撑了经济和文化的成长和动态变化。我们提议将这种联合进化称为动态情境创意。

第 2 部分探讨了情境创意在经济和文化分析中的关系。第 3 部分提出新文化研究的综合框架。第 4 部分讨论动态情境创意。第 5 部分列举了一组案例,描述和延伸了这一主题。最后的部分是结论。

2. 经济和文化分析中的情境创意

情境创意是情境知识概念的延伸。情境知识是指,知识不仅是在个体心中并以外部显性方式存在的,而且存在于空间和地域、语言和其他媒介、组织、网络以及其他社会互动体系等情境背景之中。因此情境创意中的个体(比如企业家或艺术家)创造性行为,不是经济和文化创新领域的全部,而是在本地化的临时的社会互动系统情境之中的

［鲍威尔等(Powell et al.,1996)；李德彼特和奥克利(Leadbeater and Oakley,1999)；赫茨(Herz,2006)］。

我们对情境创意的分析是沿着两个看似矛盾的方向进行的,一个是熊彼特经济学(Schumpeterian Economics)——尽管因其从个体主义方法论出发的情境创意概念有些值得怀疑,但其理论含有网络和人口方面的知识概念；另一个是雷蒙·威廉姆斯(Raymond Williams)等的文化分析,情境创意是其分析的基础。由于新数字媒体产业同时呈现出经济和文化动态的变化[1],因此我们通过对这一产业中消费者共同创造的案例,对情境创意加以探讨。

经济学家借鉴情境知识有悠久的历史,从习惯和日常的活动［尼尔森和温特(Nelson and Winter,1982)］到组织能力［蒂斯和皮萨诺(Teece and Pisano,1994)；格兰特(Grant,1996)；佐罗和温特(Zollo and Winter,2002)］、技术嵌入［安东内利(Antonelli,2006)］、社会资本［莱塞和普鲁萨克(Lesser and Prusak,2000)］,以及机构等,都有广泛的研究。在他们看来,即使是讨论商业区域、创新集群、网络经济等背景下产生的外部知识经济,其原因一定是个体因子有能力接触或解释仍存在于其他因素"中"的知识。但正相反,恰恰是因为空间相邻降低了转移成本和外部经济其他方面的协作,才产生出情境知识的概念。

在文化研究中,情境性一直是传统研究的内容,无疑是属于结构—机构统一体中的结构说一方。但近期对文化产业的研究更进一步拓展到创意产业,重新强调创意主体与结构之间的平衡,更突出创意主体的作用。根据这个观点,创意不是理解为心理冲动的结果,而是理解为引起文化(和经济)创新的过程,所以创意总是在历史过程和

---

[1] 使熊彼特和威廉姆斯理论能融合起来的因素是由网络2.0引起的技术和文化手段。网络2.0是在许多国家几乎无处不在的互联网以及围绕互联网成长起来的社交网络。

社会—技术网络的情境之中①。文化研究不否认个体创意活动的存在和它的创造性作用,但个体创新活动是由更为广泛的情境决定的:环境背景十分重要。

创意和创新在本文分析中具有同等的真实性和重要性。它们被认为是从特定的创意环境中产生的,包含了大量社会互动形式及其扩展形式,以及形成这一情境的机构。我们认为,这些都是非均衡现象。更确切地说,我们的着眼点在于这样的情境背景,即在有用的知识、专业技能和可能带来创新的创意等的传播上,生产者、消费者或用户之间的界限在某种程度上模糊并相互渗透。

文化论学者强调创意的情境背景,而经济学家则侧重于知识的主体作用。显然进化论经济学家和文化论者对于情境创意具有非常不同的分析理念。然而,双方的视角都集中于相同的内在价值模型,即创意是经济和文化进步的推动力,也是价值创造的源泉。分歧在于,激励机制和个体实践(经济分析方法)相对于文化条件(文化论)来说,孰轻孰重。将两个分析视角综合在一起,将经济和文化进步理解为相互交织并共同发生的现象,也许会引导我们更深刻地认识到,创意是推动经济和文化进步的一种工业力量。创意是经济和文化的主要资源,但这一资源的本质却是不需要静止的文化和经济的情境结构。相反,它动态地处于这些领域相互联结的过程中,一个重要的例证就是消费者共同创造。

消费者共同创造是消费者创造性地参与生产内容和创新服务的生产过程,因而它不太可能是一个新的社会—经济秩序,而是现行经济和文化秩序的进化使消费者可以更多通过信息和通信技术获得"生产资料"[伦德威尔和约翰逊(Lundvall and Johnson,1994)]。运用这些物质的和人力的生产性资产,使生产活动可以充分延伸到以前定义

---

① 见贝克尔(Becker,1982)、布迪厄(Bourdieu,1993)、尼格斯和皮克林(Negus and Pickering,2004)。

为消费的领域。佛罗里达(Florida)关于技术的消费环境的重要性的研究(2002)印证了这样的转变,表明创意生产者在其区域决策中关键的决定因素是包容性和才能。从供给向需求转移,从生产为中心的创新到消费为中心的创新转移,消费者共同创造是这种生产性质和生产手段转变的结果。

消费者共同创造是对分析边界的重新界定,因为生产过程现在延伸到了过去被认为是消费的领域[冯希佩(von Hippel,2007)]。企业家精神和艺术性的含义随着创意空间网络的定义而改变了[伦德威尔(Lundvall,1985)]。消费者社交网络中的互动,开始在某种意义上起到了过去被认为只有内部研发实验室才能起到的作用[鲍德温等(Baldwin et al.,2006)]。这一概念称为开放式创新,商学院的学者们还将其内涵延伸到包含生产者网络[1]。但正如本科勒(Benkler,2006)指出的,这只是一个更大范围的由消费者和其他公民参与的网络化的创新和社会化生产过程的开端。组织和机构正不断涌现,映射出这种变化了的生产和消费状况[波茨等(Potts et al.,forthcoming)]。因此,情境创意并非文化论或经济界所定义的是一个组织的或空间状态的静态情境。相反,它是一个生产者和消费者的动态创意反馈系统。因此我们认为,最好是把情境创意理解为动态情境创意。

3. 新文化研究

新文化研究,传统上与生产和消费文化价值及意义的研究联系在一起,间接地与生产和消费经济产品与服务相联系[哈特莱(Hartley,2003)]。然而,近来一个经济系统的文化分析新领域打开了,主要是因为与经济发展相关联的两个重要新现象的出现:(1)现代经济中,文化和创意产品及服务的重要性不断提高;(2)文化消费以及文化消费

---

[1] 见鲍威尔等(Powell et al.,1996)、切萨布鲁夫(Chesbrough,2001)、道奇森等(Dodgson et al.,2005)。

作为创新和生产模式的"一般性创意"①,其重要性不断提高。这两个方面在创意产业中[哈特莱(Hartley,2005)],特别是在消费者共同创造的现象中,显现出来。

首先,所有产品和服务中属于"意义"的增加值部分,作为财富增长的正常结果,正在不断增加。消费的社会记号一直都是存在的,但大多局限于富人的行为[凡勃伦(Veblen,1899)]。由于全球市场资本主义已经极大地扩展了消费者群体进而产品极大增加了,使得相关领域文化的分析,从对一小部分统治精英消费行为的评论,延伸到对大部分市场经济的功能性分析。发达国家工业基础的技术进步又放大了这一影响,分析领域从与规模和范围相关的第一、第二产业(如铁路、钢铁、化工、航空、微电子等)扩展到以信息通信技术为中心的新型服务业。上述情形都表明,消费者作为价值和意义生产者的作用,已经成为经济价值创造的一个非常重要的方面。

第二,这些消费者不仅参与生产,而且参与动态生产,或创新。这种情形是由同样的力量促成的,即不断增加为消费者提供的生产能力,取得更高的品质和更低的成本,以及特定的消费者专业化能够在不断扩大的全球市场上找到"生产者"商机。一个重要的结果就是消费者参与开放性的创新活动增加了[冯希佩(von Hippel,2005,2007)]。尽管基于个体行动的消费者创新出现在社交网络且常常也是技术网络内,但其中的任何个体行动都是平凡琐碎的,只有模式化的"群众智慧"或"群包"创新不同,它具有大的规模意义。例如当无数年轻人在移动电话制造商不解的鼻子底下"发明了"短信服务(SMS)产业的时候,这些制造商所谓"有企业家精神"的行动在此却没有通过情境创意的考验。

文化分析强调,消费是一个具有社会和文化情境的过程,而且,创

---

① 根据雷蒙·威廉姆斯(Raymond Williams)的说法[威廉姆斯(Williams,1961)]。

意是其中一个普通的部分,持此观点的社会学家有贝克尔(Becker,1982)①、布迪厄(Bourdieu,1993)、尼格斯和皮克林(Negus Pickering,2004)。通过新兴消费者与消费者和消费者与生产者的社交网络进行生产和创新,上述"普通创意"又可以与生产者主导创意的创新体系重新连接起来。这起到了扩大标准的生产者与生产者的工业生产创新网络的作用,通过分布式的共同创造网络将消费者或用户的专长融合到生产者的设计模型和开发活动中去[鲍德温等(Baldwin et al.,2006);本科勒(Benkler,2006);冯希佩(von Hippel,2007);舍基(Shirky,2008)]。这一新的模式在创意产业中变得越来越重要,特别是新兴数字媒体产业这个领域中,结成社交网络的创意消费者同时也是生产者,他们对技术和经济产生的影响都是最突出的。此外,消费者参与创造不仅仅是这个产业自身内部快速增长的部分②,而且通过新的增加值成分和创新模式不断嵌入到许多其他工业部门[创意产业研究中心/英国创新基金会(CCi/NESTA,2008)]。因而,普通的消费者创意成为全球市场资本主义生产模型越来越重要的部分。

4. 动态情境创意

情境创意作为环境或情境的一部分,其模型是在静态条件且隐含均衡条件下建立的。我们认为这是错误的,因为它将情境创意定义为一个结构而不是一个过程。恰恰相反,情境创意是一个动态机制,它在经济和社会系统的联立非均衡条件下运行。

经济非均衡和文化非均衡本身并不构成上述情境,因为它们内含均衡化机制,例如经济概念中的价格动态变化,以及文化概念中的再正常化和制度化。只有在经济和文化两个系统联立的非均衡机制下,

---

① 贝克尔(Becker,1982)研究了美学原则和技术是如何在生产者、辅助工人和观众之间分享的,以及这些人又是如何组织、促进和约束一项特定艺术活动的可能范围的。
② 坎宁安(Cunningham,2006),波茨和坎宁安(Potts and Cunningham)。

经济和文化机构中,显示为市场的和文化的机会。在这一非均衡进化过程中,对于边界在哪里,以及结果如何,都有着极大的试验空间。这就是非均衡背景下动态情境创新,也是我们下面要作为例证的新数字媒体产业当前的状况。

5. 新数字媒体的动态情境创新

我们的案例研究跨越多个新兴产业,都是以新数字媒体产业消费者的共同创造为基础的。每一个案例产业都是因为以互联网为中心的新数字信息和通信技术而兴起,把互联网作为社交网络和商业模式的通用平台;并且每一个案例产业都与新的数字消费品和服务相关(个人电脑、显卡、宽带、移动电话、数码相机、博客软件等)。每一个案例中,关于商业模式价值创造取向的采纳和适应,是以内容提供为前提的,而内容则是来源于消费者或用户与生产者形成伙伴关系的分布式网络,同样重要地,也是来源于社区自组织协调内容流动的协议。

这一文化和技术动态,既引发新的创造性创意活动(例如大型多人在线网络游戏、视频和图片分享),也替代和冲击了现有产业(例如媒体新闻和音乐)。我们想要展示的是,驱动这种复杂的产业动态的创意,并不是在文化机构等其他条件不变的情况下,经济结构简单的空间或情境的延伸,而是经济进化和文化进化之间动态冲突的结果,这种动态冲突是在生产和消费关系动态磨合中展开的。传统产业动态是,供给方逐渐发现为大众消费者提供新产品和服务的方式。这一模式隐喻创新冲动完全来自于生产者一方。然而,在我们的模型中,创意跨越了这个界限,被置于消费者之间、消费者和生产者之间不断演化和动态变化的复杂的网络之中。显而易见,我们强调的是经济和文化体系共同进化的本质。

然而一个重要的可能后果是,动态推动的情境创意,会由于竞争的影响而逐渐被"去情境"。创新最终会嵌入新的产业模式和新的行为规范与社会—政治制度。我们认为,情境创意是这类新模式、新制度形成的"过程",而不是一个模式的最终形态。这是一个很微妙但很重要的区别,意味着我们观察的是(如案例分析所示)非均衡状态,而不是均衡状态。在非均衡状态下,情境创意是一个推动探寻新模式、新制度的动态机制。

5.1 在线游戏开发中的创造性破坏

在线游戏开发越来越多地混合运用专业开发人员和提供大量反馈和创意设计建议的游戏玩家及测试员。我们研究的由澳大利亚游戏开发商奥兰游戏(Auran Games)开发的大型多人在线网络游戏"狂怒"(Fury),就是一个这样的例子。这些共同创造关系,在贡献了大量的创意理念和价值的同时,也提出了新的商业挑战,瓦解了封闭式专业化的产业模式,推动着开放式创新模式的形成[冯希佩(von Hippel,2005)]。奥兰公司在游戏开发的整个过程中,吸收与融合了一个核心游戏玩家团队。之所以这样做,是因为公司认识到,"狂怒"要取得商业成功,就要依赖社交网络交易和动态的情境创意。

在商业发布之前,许多高手玩家竭尽全力对"狂怒"进行游戏测试,给了奥兰开发团队积极和关键的反馈意见。他们不仅仅是寻找病毒,还要识别需要修正和解决的游戏功能上的弱点。这些非职业人士强烈而有说服力地游说专业开发人员对游戏进行修改。回应这些反馈,开发商会根据这些高手玩家的一致要求,对游戏做重要的改动和修正。这种玩家和开发商之间的共同创造角色的互换,不断完善和再造了"狂怒"的设计。追求创新和商业成功的过程中,奥兰不仅依赖于内部专业开发人员的创意,而且依赖于包含专家、熟练的和有见识的消费者共同创造人的分布式网络,在"行会"、粉丝网站和其他新媒体社交网络上运作。

但是,游戏发布后的两个月,奥兰进入自愿管理程序。在专业开发团队和专业级用户—测试者之间交流方面的困难,是"狂怒"出问题鱼(Snapfish)、快门网(Shutterfly)和柯达美术馆(Kodak Gallery)等。认识和遵守社区规范——即奥赖利(O'Reilly)所谓的"参与的体系结构"——明显地影响到用户在贡献内容和技能方面的意愿,影响到内容和技能被消费的方式,强调创意在生产和消费两个周期中的情境变动。

　　Flickr承认共同创造是动态存在于社交网络中的,所以除了默认版权的"版权所有"之外,在其创作共用许可体系内还可以看到一系列相应的关注重点。这个灵活开放内容的架构,在复制、传播、表演他们的作品以及制作衍生品等方面,为创造者提供了六个标准许可用以维护他们的版权。尤其是对"非商业性"和"无衍生品"字样的使用条件使摄影师可以对他们的材料在更广泛社区内的使用情况保持个体关注,保留他们在谈判认可和奖励的报酬条件时的权利。也许可以把Flickr看作一个"繁殖"网站[吉特仁(Zittrain,2008)],创作共用许可增强了Flickr在内容(共同)创造和发布方面进一步扩展的能力。通过这样的开放性,第三方可以运用Flickr上的照片开发应用软件。但是,通常媒体部门的分类是,一极是受版权控制的主流合法经营企业,另一极则是有组织的或是偶尔为之的盗版者,他们对内容创造者和大型整合者一类都有极大的损害。这种分类是大型娱乐企业和产业领先企业为推动独立创新活动而提出的。一段时间以来,在数字媒体网络2.0创造性毁灭的空间中,这种分类妨碍了创意发展成预定的创新。

　　当前,用户创造图片内容不断被融入传统的专业网域,谋求开拓"众包"潜力。要充分认可和奖励高端和低端摄影师,就需要对传统商业模式的做法进行再思考。要接纳动态情境创意,就需要产生出一个对用户创意反应敏感的渐进式混合模型。

5.4　中国移动音乐——从版权产业到时尚网络

　　长期有着自下而上创新传统的领域就是音乐。从传统"民间"音乐,如蓝调和民谣,到以演员品牌和商品性歌曲发布为基础的商业形式的转变——先是乐谱,后是音像,都充分证实了这一点。如果没有知识产权的保护,没有价值链上"生产者"端的易商品化和权利管理,没有消费者中存在的无数业余和半专业(未签约)演员,这样一个体系是无法运转的。签约艺术家和未签约艺术家之间的差别,尤其是对于相关艺术家个人来说,是很重要的。因为,这代表了情境创意领域内消费者到生产者的转化。在这一领域,货币化需要新颖,新颖需要粉丝和企业之间界限模糊。

模拟音像产业的商业模式被数字技术置于严重的非均衡危机中。数字技术使得音乐普遍到几乎成为像水一样的公用事业,从而倾向于降低商品形式音乐(录音歌曲)的货币价值。这种非均衡能力带来的创新和重构因应变化的环境因素,没有什么地方比中国更明显的了。由于中国的特殊情况,音乐文化和音乐市场很难在弱者情绪表达(蓝调和民谣)或强烈抵制官方音乐(摇滚和朋克)的基础上建立起来。但另一方面,中国在知识产权监管上却十分松懈。那么,情境创意、社交网络和自下而上的音乐创意,在中国是如何表现为商业实践的呢?

浮现出的答案是,移动音乐。中国移动电话用户接受这种新的音乐发行方式的比例,以及在受管控的大众发行和集权化为音乐版权所有者取得收入方面,缺乏替代途径,都表明了移动音乐也许会成为商业音乐产业的重要收入来源。在中国一项受欢迎的服务是彩铃,用户可以选择朋友来电铃声,以替代"标准"铃声。这些社交性而非娱乐性的移动音乐,加上低成本,正在推动着音乐购买人群的形成。

与简单地在移动世界中重构久经检验的(西方)音乐产业不同,这种新的媒体形式有其自身的特征,它影响着音乐创造和音乐欣赏的方式,影响着消费群体的人口构成。换句话说,用移动音乐产业和模拟音像产业作比较,是错误的。相反,我们认为对移动音乐(在中国或者其他地方)最好是从时装的视角来解读。时装"指导"选择;创新与模仿混合，创意与复制相连接。模仿是时装领域与生俱来的特点。因此，时装领域与新兴的移动世界并行，也许会对理解数字时代的创意、创新和价值创造过程，具有指示性意义。活跃的创新过程、身份形成、创造和沟通是综合的文化消费行为。时装是纯粹的社交网络市场［波茨等(Potts et al.，forthcoming)］，这一市场上，个人选择取决于他人的选择。时装的选择，同时是复制行为和非常个性化行为的表达。时装可以通过让设计师和品牌创造的形象符合自己的意图，使个体创造出意义和沟通价值，并且创造出个人身份差异。无差异和无管制的复制使得投资于创新的激励丧失殆尽，因此也受到时装界现状和成功者的严重质疑。长期以来，设计师就注意到，只要他们的设计品一公开展示，就会被复制。这里，大范围模仿成为创新的风向标。新颖和创新之所以很有价值，是因为设计师持续处于比模仿者要先行一步的压力之下。的确，这种情况也可以被认为是消费者版的伦德威尔和约翰逊(Lundval and Johnson)的"互动学习"概念。设计师成了间谍，也是生产者，而"企业家"消费者则成了愿意支付昂贵费用穿戴设计师最新设计的第一人［柴等(Chai et al.，2007)］。相应地，设计师也会到街上"看"(从伦敦街头的新潮装和朋克装，到东京街头的歌德萝莉式)；时尚、音乐、电影、动漫等，就是相互借鉴的互动网络。大众消费者—生产者低端市场是和创意活动的精英中心相联的，就像网络中"节点"与"集线器"相联一样。这些都是学习网络上进行的情境创意的例证。

音乐一直都是一个社交网络市场，然而值得讨论的是，由于数字技术可以应用于不同的地方，如彩铃、个人网站的"墙纸"和聊天室，有必要重新思考关于价值创造方式的讨论。这个过程在中国迅速发生，在复制和分享技术出现的时候，促使西方市场音乐录制产业发展的制度性软件主要是版权，在中国是不完备的。因此，中国成了"创造性破坏"的实验场，也成了调整结构寻求建立创意产业的试验场。在创意产业中，消费者引领的社交网络因子就像艺术家引领的个性化创意一样重要,因而可以说时装和版权相比,是一个更好的价值创造模式。

5.5 数字公民新闻

动态情境创意跨越许多领域,有一些领域也许会令人诧异。我们调研的一个案例是关于在政治程序和主流媒体与新兴的博客/公民新闻之间,权利和注意力转换的平衡。业余新闻人和评论人网络的兴起,根本上影响着传统广播印刷品和电视媒体的商业模式和产业结构[布伦斯(Bruns,2005);布伦斯和雅各布(Bruns and Jacobs,2006)]。现代主义的媒体模型就是对抗政治组织的力量。媒体对抗力量起到的作用就像一个自上而下集中化的组织,通过广告和订阅收入维持其独立性,并通过规模经济和范围经济积累价值。但是,通过博客世界、公民新闻、虚拟公共交流等微媒体发布和网络化的后现代主义模型,侵蚀着传统的商业模式,但不是对抗力量。事实上,媒体传达出这个有代表性现状的能力完全是通过无处不在的网络得到不断强化,所创造出的正的外部性[凯兹和夏皮罗(Katz and Shapiro,1985)]打开了创新的空间,市场、技术和文化的协同共进对主流媒体和政治领袖都产生了重要的溢出效应。

来自于用户内容创造和交流的竞争,正在挤出大众传播和"大媒体"商业模式所依赖的传统的信息来源。大媒体尤其敏感于这些所谓业余媒体人的入侵,而且总的来说有非常大的反应。因此,尽管专业新闻与互联网和平共处有超过十年之久,但是由于情境创意对受新数字技术支持的公民网络的影响,以及公民新闻带来的潜在的紧张关系,开始从根本上重塑着媒体产业。

6. 结论:当威廉姆斯遇见熊彼特

本文运用例证寻求对动态情境创意概念做出分析定义。我们认为,文化和经济都在进化,情境创意与这两个领域都是动态互动的,即动态非均衡。对文化和经济这两个部分的分析,传统上是分开进行的。本文试图解释，为什么要关注二者共同的动态变化。

文化和经济分析的两盏引路灯，分别是雷蒙·威廉姆斯（Raymond Williams）和约瑟夫·熊彼特（Joseph Schumpeter），他们将文化和经济结合，为洞察情境创意的动态性质，提出了一个值得关注的视角。约瑟夫·熊彼特（1942）认为，市场资本主义是一个进化过程，经济增长和变化是由引进新观念、新技术和新市场的商业努力推动的。他通过对企业的动态变化、市场结构和工业组织的跟踪研究，将经济进化定义为对新事物的创造、接受和保持的过程，他将其称为创造性破坏过程。而雷蒙·威廉姆斯（1959，1961）认为，文化动态需要分析"占主导地位"的文化，这种文化既破坏"残余"文化形式，也激发"新兴"文化，往往会表现为反文化或对主导文化的积极对抗。这一动态过程，也是现代文化学的基础，与熊彼特的创造性破坏说极其相似。熊彼特的创造性破坏分析，就是始于市场主导形态（垄断资本主义），然后是有专业化商机的市场（有竞争性的残余市场），再后是新兴市场的逐渐出现，一开始为区域性市场，后成为全球性主导市场，这个过程周而复始。威廉姆斯和熊彼特双双提到了文化和经济相同的创造性破坏的动态过程。因而，这就把对新产业和新市场的经济分析与新社区和有意义、有身份的新网络的文化分析结合在了一起。这种交叉就是动态情境创意的结合点。

我们重新定义文化—经济共同进化，修正了此前的一些负面认识，即认为与经济体系相比，文化是次优系统或"刚性"协调结构［贝德纳和佩奇（Bednar and Page，2007）］。我们探求建立含有动态过程的文化模型，特别是与经济和产业动态相关的模型。这就是情境创意的非均衡模型，它不是产生于新的高阶经济增长模型，而是产生于下面二者的共同进化，即新文化模式带来的经济机会和新经济模式带来的新文化机会的共同进化。而且，它提供了延伸技术的社会构成概念［比克等（Bijker et al.，1987）］的方式，将其表示为一个共同进化的反馈。一些关键观念,如解释灵活性和社交子群等,都很容易地加入到我们的案例中。同时,我们关于动态情境创意的概念,进一步添加了一个重要的维度,即在社交市场上从上述文化(和社会)建设中产生的新的产业。

市场和文化动态共同进化的这一新的交叉,连同怪异名称现象,如开放源码运动(Linux 系统)、博客(Blogging)、维基百科(Wikipedia)、网络相簿(Flickr)和"共同创造"游戏玩家等,都是最近的事情。这些探索在过去通常都是些幻想,嵌入在社区或文化中,而不是基于商业价值。但现在,消费者创造内容正在造就巨大的新市场和新产业。越来越多的媒体公司,如谷歌、YouTube 视频网站、脸书(Facebook)等,主导着社交网络市场。全球媒体版图在这十年中发生的变化堪与以前半个世纪相比。现在,"自创"媒体正处于一个新体系的动态边界。也许会被证明对于知识和经济增长十分重要,以至于它们必须被视为一项基础社交技术,与市场、科学、法律和财政体系并列,而不是另一个产业。在此背景下,通过运用互联网环境和社交市场带来消费者共同创造的增长,可以与印刷术的发明相提并论。印刷术不只是使现代出版业成为可能,还使得现代性本身成为可能,包括所有印刷术的广泛应用所带来的事物——科学、新闻、小说和启蒙运动等。如果我们处于知识增长的另一个进化之中,那么这些变化如何对全体人口产生影响就成为问题的关键了。第一次,我们可以想象"网络的网络"使四面八方的人们不仅能够参与到自我表达和娱乐中去,而且参与新知识的生产,这件事情本身就把"实验室和图书馆"状态放大到人口范围内的分布式网络。因而,人们有通道进入、了解和运用新媒体去进行创造,"数字文化"是知识发展中的决定性因素。我们认为,这是情境创意的一个至关重要的方面。

这引导我们从生产者和供给者创新模型,转向消费者或需求者创新模型。然而,在包括科学、商业、政府等以知识为基础的政策形成

Cunningham, S. (2006) *What Price a Creative Economy?* Platform Papers #9 (Sydney: Currency House).

Dodgson, M., Gann, D. and Salter, A. (2005) *Think, Play, Do* (Oxford: Oxford University Press).

Dopfer, K. and Potts, J. (2008) *The General Theory of Economic Evolution* (London: Routledge).

Florida, R. (2002) *The Rise of the Creative Class* (New York: Basic Books).

Foster, J. (2006) From simplistic to complex systems in economics, *Cambridge Journal of Economics*, 29, pp. 873—892.

Gardiner, M. (2000) *Critiques of Everyday Life* (New York and London: Routledge).

Grant, R. M. (1996) Towards a knowledge-based theory of the firm, *Strategic Management Journal*, 17, pp. 109—122.

Hartley, J. (2003) *A Short History of Culture Studies* (London: Sage).

Hartley, J. (2005) *Creative Industries* (Oxford: Blackwell).

Hartley, J. (2008) *Television Truths: Forms of Knowledge in Popular Culture* (Oxford: Blackwell).

Herz, J. C. (2006) Harnessing the hive, in: J. Hartley (Ed.) *Creative Industries*, pp. 327—341 (Oxford: Blackwell).

Jenkins, H. (2006) *Convergence Culture: Where Old and New Media Collide* (New York: New York University Press).

Katz, M. and Shapiro, C. (1985) Network externalities, competition and compatibility, *American Economic Review*, 75(3), pp. 424—440.

Lanham, R. (2006) *The Economics of Attention* (Chicago: University of Chicago Press).

Latour, B. (2005) *Reassembling the Social: An Introduction to Actor-Network Theory* (Oxford: Oxford University Press).

Leadbeater, C. and Oakley, K. (1999) *The Independents: Britain's New Entrepreneurs* (London: Demos).

Lesser,E. and Prusak,L. (2000)Community of practices,social capital and organizational knowledge,in: E. Lesser,M. Fontaine & J. Slusher(Eds)*Knowledge and Communities*,books. google. com.

Lundvall,B. A. (1985)*Product Innovation and User-Producer Interaction* (Aalborg: Aalborg University Press).

Lundvall,B. A. and Johnson,B. (1994)The learning economy,*Journal of Industry Studies*,1(2),pp. 23—42.

Musser,J. and O'Reilly,T. (2007)*Web 2.0 Principles and Best Practices* (Sebastopol,CA: O'Reilly Media).

Negus,K. and Pickering,M. (2004)*Creativity,Communication and Cultural Value*(London:Sage).

Nelson, R. and Winter, S. (1982) *An evolutionary Theory of Economic Change*(Cambridge,MA: Harvard University Press).

Nightingale, V. (2007)The cameraphone and online image sharing,*Continuum: Journal of Media & Cultural Studies*,21(2),pp. 289—301.

Potts, J. and Cunningham, S. (2008)Four models of creative industries,*International Journal of Cultural Policy*,14(3),pp. 238—248.

Potts, J. ,Cunningham, S. ,Hartley, J. and Ormerod, P. (forthcoming)Social network markets,*Journal of Cultural Economics*.

Powell,W. ,Koput,K. and Smith-Doer,L. (1996)Interorganizational collaboration and the locus of innovation: networks of learning in biotechnology,*Administrative Science Quarterly*,41,pp. 116—145.

Schumpeter, J. (1942) *Capitalism, Socialism and Democracy* (London: George Allen & Unwin).

Shirky,C. (2008)*Here Comes Everybody*(New York: Allan Lane).

Teece,D. J. and Pisano,G. (1994)The dynamic capabilities of firms: an introduction,*Industrial and Corporate Change*,3,pp. 537—556.

Veblen,T. (1899)*Theory of the Leisure Class*(New York: Modern Library, 1934).

von Hippel, E. (2005) *Democratizing Innovation* (Cambridge, MA: MIT Press).

von Hippel, E. (2007) Horizontal innovation network by and for users, *Industrial and Corporate Change*, 16(2), pp. 293—315.

Williams, R. (1958) *Cultural and Society* 1780 — 1950 (Harmondsworth: Penguin).

Williams, R. (1961) *The Long Revolution* (Harmondsworth: Penguin).

Zittrain, J. (2008) *The Future of the Internet—And How to Stop It* (New Haven, CT: Yale University Press).

Zollo, M. and Winter, S. (2002) Deliberate learning and the evolution of dynamic capabilities, *Organization Science*, 12, pp. 339—351.

蒂内·奥格(Tine Aage)
丹麦哥本哈根商学院(Copenhagen Business School and Region Sjælland, Denmark)
菲奥伦萨·贝鲁西(Fiorenza Belussi)
意大利帕多瓦大学(Padua University, Padua, Italy)

从时尚到设计:工业园区的创新网络

[内容提要] 近年来创意产业在西方国家引起了极大关注。创意产业可以出现在生产艺术品的部门,如电影工业、表演艺术等,或出现在制造业和服务业部门,即那些将新颖性应用作为核心生产能力的企业。由于有助于日常生活的分割和"审美化",所以后现代消费具有强烈的时尚特征。时尚产品成为象征性关联品、身份标志、身份交流工具并获得审美满足感。我们的研究主要关注以下方面:第一,时尚演进的理论探讨,时尚已经从自上而下的模式[如齐美尔(Simmel)阶级意识分析法所设想的]转向自下而上的模式,一如利波维斯基(Lipovestky)后现代主义分析法所描述的。第二,反映在商业模式中的理论被企业所接受,用于应对设计新产品的问题,这些问题常常与建立由外部到企业的创意网络相关联。第三,对工业园区的理论探讨,在此,工业园区被视为一个有效的组织工具,它在知识和时尚趋势信息的传播和外部吸收方面,效率很高。区域内企业,利用多重时尚渠道,可以提高它们选择正确时尚趋势的几率,降低"不知道"正确时尚趋势的几率。我们的实证结果表明,截获时尚趋势需要对数个时尚渠道进行综合治理。时尚是在一种混乱的环境下产生的、自下而上的重

复的过程,部分地受时装生产企业的控制,这些企业扫描外部信息渠道,与企业外部机构共同建立起诠释、创造流行时尚的能力。我们的研究运用一些通过调查得来的实证数据,调查对象是意大利北部特雷维索(Treviso)的工业园区蒙特贝卢纳(Montebelluna)。在蒙特贝卢纳,数个国际主要品牌的运动鞋和运动用品生产商聚集于此。2004~2005年我们对13个终端企业(一些是领导企业)和11个设计师进行了面对面的定性访谈。

1. 引言

近年来创意产业在西方国家引起了极大关注[埃文斯(Evans, 2004);库克和莱泽瑞提(Cooke and Lazzeretti, 2008)]。创意产业可以出现在生产艺术品的部门,如电影工业、表演艺术等,也可以出现在制造业和服务业部门,即那些将新颖性应用作为核心生产能力的企业(例如软件产业、广告、以设计为主的部门,甚至是与科学相关的活动)。在现代以知识为基础的经济中,独特的产品、需求导向的服务和技术发明[劳伦岑等(Lorenzen et al.,2004)]是一个"扩展的"生产系统的雏形[普拉特(Pratt,2004)]。一项新式设计、一件新的艺术作品或是一种新的生物药品可以以不同方式和不同组合(颜色、尺寸、模块部件等)被复制成千上万次。创意产品患有"成本病"[鲍莫尔和鲍恩(Baumol and Bowen,1966);思罗斯比(Throsby,2001)],并且消费者如何评价产品的新颖性有很大的不确定性[卡福斯(Caves,2000)]。

这一问题似乎在生产时尚品的企业中尤其严重,其产品价值主要体现在设计上(并体现在产品的符号意义上)。

时尚和设计是紧密相联的。时尚是文化物品,对时尚的采纳表明了一个群体(不论大小、精英或前卫、社会地位主流或边缘)的偏好,具有某种特定的符号价值[奥格和贝鲁西(Aage and Belussi,2003)]。一件时尚品包含了最新的追求和流行的审美标准[布雷厄姆(Braham,1997);恩特威斯尔(Entwistle,2000)]。设计就是以最终形成一件物品为目的,将文化元素和符号物化为一个特别的式样[利奥波德(Leopold,1991)]。它来自于单个设计师或企业的构思,是对时尚观念进行的独特的诠释和阐述。

不确定性不仅仅与消费者的偏好有关,总的来说更是与时尚的本质交织在一起。在过去的几十年中,时尚从自上而下的模式[如齐美尔(Simmel)阶级意识分析法所设想的,1957(1904)]转为自下而上的模式,如利波维斯基(Lipovetsky)后现代主义方法所描述的那样。换句话说,当代时尚不再只是区分阶级的方法,而是人们用以试图构建自己多面性身份的工具。由于有助于日常生活的分割和"审美化",所以后现代消费具有强烈的时尚特征[拉希和厄里(Lash and Urry,1987)]。这种由于自下而上的时尚模式导致的偶然性结果,使时尚变得不可捉摸。一方面,时尚不受个体生产者(和个体消费者)的控制;它是一种外生的影响,几乎完全决定了个人偏好的范围或企业的选择。另一方面,企业面对的是无法规避的矛盾境地。企业的生产必须适应几近无法预知的时尚趋势,但同时,又必须让消费者认可他们介绍新颖的原创贡献的能力。

本文意图解释高级时装市场上企业的行为,以及他们追随、利用市场趋势、开发设计新产品的内部能力,和吸收必要的与预测未来趋势相关的外部信息的方式[科恩和利文索尔(Cohen and Levinthal,1990)]。第二部分是关于时尚意义的理论探讨。第三部分是蒙特贝卢纳地区企业的案例。我们研究了园区企业是如何吸收外部市场信息并将新的流行趋势引入创意产品的。企业借助于多种渠道并实行平行检验。创意时尚产品是在内、外部设计匹配过程中重新组合完成的。第四部分简要提出我们的一些结论。

2. 时尚含义的多样性：从阶级身份标志到短暂的和自我构建的身份标志

时尚是一个涉及历史、文化、人类学，并随社会而变化的概念。

2.1 时尚作为阶级身份的标志

文艺复兴时期，时尚是因用高雅、高价物品"装饰"贵族而发展起来的，让穿戴者可以立即在所有人面前显示出个人上层阶级的地位[弗卢杰尔(Flugel,1930)]。时尚是随我们社会的变迁而系统性引入现代社会的。前现代时期的文化注重过去，而现代文化则创造未来[法兰特和舒尔茨(Firat and Shultz,1997)]。时尚短暂的生命周期表明，消费品趋势是快速变化的。格奥尔格·齐美尔(Georg Simmel)对时尚的论述第一次将时尚理论化为不同人群阶级身份的标志。根据齐美尔(Simmel)的理论，时尚是从前卫的理念中产生的，因而持续地受到变化的影响。这样一些小群体，为了使自己成为"主导的"特立于社会的部分，在炫耀、吸引外界羡慕和注意的原则下，他们持续不断地寻求和创造新的时尚潮流[凡勃伦(Veblen,1949)；布迪厄(Bourdieu,1979)]。但是，"得到承认的"前卫人群的存在，却被视为来自于下等阶层人们的挑战。延伸到更广泛的低等级阶层的时尚潮流中，出现了强大的模仿压力。为了保持主导和独占的地位，就必须形成新的前卫和新的亚群体，然而他们的风格早晚也会被模仿。如齐美尔(Simmel)所说，这是一个无休止的过程。从这一点上看，时尚属于一个动态的文化产业，其主导文化受偏好对抗性新文化的"创造性破坏"过程的影响[见本书波茨等(Potts et al.)]。

2.2 自上而下的时尚体系的出现

根据利波维斯基(Lipovestky,1994:69)的看法，时尚，从现代观点看，是从19世纪后半叶开始出现的，那一时期时尚突然成为一种国际运动，巴黎成为时尚传播的国际中心。巴黎同时也成为现代艺术（印象派、立体主义等)的绝对中心。

这一体系始于高级时装定制(Haute Couture)学院,以手工艺为主生产时尚奢侈品。1858年,查尔斯·弗雷德里克·沃斯(Charles Frederic Worth)在巴黎和平大街创建了他的第一家时装店。他开创了自上而下的时尚体系,其规则就是按照日历年度展示新的时装,然后再获取订单。通过引起国际反响的特别活动,将穿上样衣的模特展示给富裕的客户。著名的法国设计师[如朗雯(Lanvin)、香奈儿(Chanel)、巴度(Patou)等]很快开始模仿这一模式。奢侈品的创造者们(时装设计师,也是艺术家)开始主宰世界时装潮流。这一新的结构模式呈现了与客户的反向关系。这里,裁缝即设计师是主导者,有力量用自己的审美观影响客户,他们所卖的不仅是衣服,还包括想象力、典雅和诱惑。时尚杂志(如Vogue)、时装展览、艺术摄影部门的扩大、模特经纪人的创立,以及明星制的出现等,都支撑了这一新的时尚体系。

另一方面,这一不断变化的行业帮助了时尚含量低的工业化生产的扩散,而这也许是得益于1860年发明的缝纫机和工厂体系。这样就有了下述两个体系的同时存在:其一,为满足高端市场的时装生产模式;其二,包含了最廉价的生产,这种生产曾经是模仿过时的时装潮流。

2.3 最初的民主化

由于时尚不断渗透到以量取胜的中低端市场,高级时装定制世界逐渐失去了它经济上的重要性。法国高级时装定制将自己转型为服务业,销售非物质产品如品牌、特许经营等和其他一些标准化产品如香水[沃思(Worth,1930)]。同时,在20世纪初,高级时装定制开始在大众服装市场建立同样的买家模式生产性关系。服装系列首先向海外买家展示(美国和欧洲),这些海外买家可以取得批量复制服装样式的权利。这样,更多的人可以有系统地获得时尚产品。

审视20世纪20年代,资本主义世界的妇女角色发生了巨大的变化,伟大的设计师如香奈儿(Chanel)推动服装走向简洁化。典雅变为"不时尚",同时舍弃了荷叶边,代之以新的柔软的如针织面料的素色套装。贵族世界惹人注目的消费[凡勃伦(Veblen,1949)]肯定是坍塌了,妇女时髦奢侈的服装降为只适于特别正式的场合。

20世纪50年代期间,成衣革命(时髦、立即可穿的服装)使时尚更贴近一般大众。一个新的、自主的时尚体系被创造出来,在有些情况下是围绕老式高级时装定制企业建立的,同时还与大型零售连锁商以及新兴企业连接在一起。例如,意大利时尚产业就是在那个时候得到了长足发展。新的"时尚城市"如纽约、米兰、伦敦,开始与巴黎争风。一个多元的时装产业出现了,从高级时装定制下比较奇异古怪的倾向中解放出来。正当其时,为工业体系工作的新的、年轻的时尚师出现在日本[高田贤三(Kenzo)]、伦敦[玛莉官(MaryQuant)]、米兰和佛罗伦萨[古驰(Gucci),普拉达(Prada),莫斯奇诺(Moschino)等]。时装成为更广泛的"诠释系统",运动、艺术、电影等都是灵感的来源。时装也变得更为多元化,不同的风格、设计师、品牌、主导企业和标签都可同时存在。时装变成创意产业,需要新颖性和不断的创新。然而,时装业的发展具有一定的循环性特征,通常是有些旧的流行倾向保留下来,只对样式做些微小改动。时尚潮流的特点就是,稳定性周期(渐进变化为主导)和非稳定反抗性周期(激进变化为主导)共同存在。

2.4 极端无政府主义民主化中的开放式自下而上的体系

发生在20世纪70年代的时装民主化,随着李维斯(Levi's)、贝纳通(Benetton)、李·库珀(Lee Cooper)、莎拉(Zara)等低成本生产的成功,显示出时装对大众市场的渗透。审美民主化的"街头革命"标志着时装高级定制时代的结束。

20世纪70年代新风貌的出现伴随着街头人群的社会革命之风,是流行艺术和艺术先锋铺就的道路。奢华风格黯然失色。低调消费

(如牛仔服、运动服等),凭借再生材料、粗糙的、扭绞的和超大尺寸服装等,突然成为时尚。

现代时尚成为消费者在特定的"部落"和各个亚群体中,用以表达他们多方面个性的方式。这些部落和群体主要是以共同兴趣为基础而不是基于人口普查来划分的[鲍德里亚(Baudrillard,1983);科瓦(Cova,1977)],其中,过去和当下,在某种虚拟永恒的现实中,是可以混淆的[法兰特和文卡塔斯(Firat and Venkatesh,1993)]。

一个风格各异的时尚体系替代了旧的无差异的自上而下的体系。从此,不再有什么禁忌,一切都可以涵盖在内:日常生活[法兰特和舒尔茨(Firat and Shultz,1997)]、现代主义[库雷热(Courrèges)]、经典主义[香奈儿(Chanel)、华伦天奴(Valentino)]、运动鞋(Geox,Ecco 和 Disel)、东方元素(意大利案例,见 Maliparmi 时装)。

现在的时尚与现代艺术非常接近,由尝试、跨领域及非审美观主导[利波维斯基(Lipovetsky,1994)]。因此,时尚变得开放和民主,注重个人的多元化表达:一个自定义的"临时"身份。显然这不会创造出如凡勃伦时代的那种排他性个人主义时尚。例如,在年轻消费者中集体认同的需要会产生出全球同质化的时装风格,意大利、加拿大、美国和亚洲国家的年轻人都喜欢穿宽大的牛仔服。但是,年轻的风格跨越了阶级、地域、性别,并不完全是由一群法国高级时装设计者推动的。

打破过去围绕高级时装定制体系的专业秩序,打开了新的企业进入这一行业的更广阔的经济空间。同时还将比较难以界定的市场机会划分为更小的模块,市场需求也因此碎片化;新的"社会现实"的基础由此建立起来,神话成为经验[派因和吉尔摩(Pine and Gilmore,1999)]而不带任何特权标志,这都是由于碎片化、矛盾并存、消费者认同和自我认知的散乱无序造成的。这种新的趋势引起了时尚向内在不确定性转化,而这种不确定性正是当前现代社会时尚发展的本质特性[利波维斯基(Lipovetsky,1994:99)]。现在时髦的人们不再受无意识跟随社会金字塔的模仿顺序重要性的影响了。在一个激烈碎片化的过程中,款式、品味、身份、存在感和自我意识,将社交群体区分开来,而这些碎片不可能通过定义特定细分市场简单地重构[法兰特和舒尔茨(Firat and Shultz,1997)]。但是,当代时尚完全是在一个混乱的世界中发展起来的吗?

当今,文化中介整体在对时尚的界定方面举足轻重[布卢默(Blumer,1969)],包括设计师、广告商、店铺设计师、期刊编辑、时装买手和零售商。此外,现在特别突出的是,时装必须经过"时装界"各个方面的筛选:纺织品生产的上游(纱线、布料、皮革、辅料)部门、专业化的机构预测[如出版高价时装手册的款式发布局(Bureau de Styles)发布一些新概念及预测基本趋势]、时装展览[巴莱斯特里和里切蒂(Balestri and Ricchetti,1999)]、分销机构等。

现在的时装是从消费者和生产者之间持续不断的互动中产生的[法恩和利奥波德(Fine and Leopold,1993);比安基(Bianchi,1999);恩特威斯尔(Entwistle,2000)]。

许多可选顺序都是事前相互衔接的,在不同活动中(店内时装系列、时装交易会、时装展、销售渠道商拜访、再次订单等)[1]的每一步,包括模特、原型和样品都是由时尚领袖、设计师、厂商和服装制造商、大量公关人员、评论家、买家、零售商等提出和选择的。

为了提前抓住流行趋势,时尚品生产者在他们的产品仍在加工过程中的时候,就必须留心关注大量的细节,从而发现时尚消费者的"早期品味"。

名流和接受赞助的明星们(演员或体育冠军)可能影响但不可能完全决定时尚的方向。

如今,时尚是由一个"供应系统"来组织的[法恩和利奥波德(Fine

---

[1] 商店必须提前6个月订购时尚品(但可以在季节中再次订货)。原材料和制衣商部分地是在"黑暗"中生产,冒着提前选择流行趋势的风险,给市场注入大量式样和色彩的服装。

and Leopold,1993)]。文化中介在选择和传播新时尚潮流方面都训练有素。时尚并不仅仅是消费者的选择。在时尚产业,创意网络主导着生产和选择要进行生产的主要设计。创意是由使用和抛弃许多资源的浪费过程激活的;它完全不是一个理性的顺序,并不是从一个视觉概念线性地扩展到拟定要投入生产的设计。为生产者选择可能成功的设计,完全是在充满模糊不清、横向探索、未开发的想象和与不同代表及信息源之间的互动中进行的。流行趋势很少出现突然的剧变。生产者通常会在市场现有款式和潮流基础上引入许多微小的创新和改变。一方面,他们必须创造出新的流行式样;另一方面,这一过程发生在不确定的环境中,因为存在着自下而上的时尚潮流形成机制和许许多多散布的时尚亮点。生产者需要提前经过许多步骤确定他们所选的设计,从而能够先于市场发布他们的产品。新的时尚潮流总是在发生中。与过去不同,流行时尚民主化增加了迅速向新潮流靠拢的需要,不确定性和风险的程度都提高了。这一点已经得到现实的确认,季节性地,全球15%～20%由商店订购的时尚产品都被大幅打折销售(低于其原来价格的30%～50%)。因而可以说,新的时尚产品有着很高的失败率。

生产者常陷入矛盾之中,既不可避免地要跟随流行趋势,又同时要对新的款式和趋势施加影响,以期成为被市场承认的潮流领导者。通常他们会遵循这一模式。但有的时候,他们所创造出的新的成功款式是利用其寡头地位、市场营销策略和沟通策略的影响力,以及赞助活动和资助明星的资源投入得来的。然而,正如前面所述,由于存在自下而上的机制和许多散布的时尚亮点,这一过程具有很大的不确定性。

总之,时尚产生于一个自下而上、周而复始的混沌状态中,部分地受控于那些了解外部信息并与企业外机构共同建立诠释和创意能力的时装生产企业。

2.5 工业园区,吸收能力及外部联系

在工业园区内的企业是在空间嵌入的商业网络中,而商业网络是通过合作生产链条来组织的[史泰博(Staber,1998,2001)]。在工业园区内,有一些机制对信息吸收过程(与简单的外部信息传递相关)和在工业园区内的知识创造(与本地知识重构的创新过程和通过原始知识探索的发现过程相关),是很重要的[贝鲁西和皮罗第(Belussi and Pilotti,2002);格兰迪内蒂和卡穆福(Grandinetti and Camuffo,2005)]。流行信息通常都是在园区网络发布的。园区内企业的认知相近,有利于知识的快速传播:当一个企业从外部获得一些信息的时候,本地企业认知的相近性有助于信息的扩散。在园区内部,企业可以触发对新产品(和加工过程)的观察,带动差异化机制的产生(企业具有足够的"创新"能力采取"创造性模仿"的策略)。人力资源的流动性(通过技术人员、设计师、工人、经理人、企业家等)可以传播时尚潮流信息。

文献中一个没有被充分研究的关于工业园区的问题是,园区内企业如何(以及如果)通过求助于外部联系(或外部资源)来吸收外部信息[朱利亚尼等(Giuliani et al.,2005)]。工业园区传统上一直是作为自我发展模型进行研究的。新的方法则强调本地—全方位视角,换句话说,也就是获取外部知识、建立外部网络的必要性[格里芬和贝尔(Gereffi and Bair,2001);科埃和布努艾尔(Coe and Bunnel,2003)]。这一点从时尚信息方面看似乎尤为重要,因为现代时尚的发展是国际层面的。一方面,区域内企业必须吸收外部流行趋势(时尚选择);另一方面,他们又必须将其内化为新的产品设计概念(即开发企业的样品)。事实上,将获得的信息转化成有用的东西是很有必要的。但是,企业如何将流行趋势转化成产品呢?在复杂的时尚世界中,人们会自然地假定,工业园区中的大企业与小企业相比,在把握变化不息的时尚潮流方面处于较为优越的地位。他们可以动用更多的资源去截获时尚潮流,有的时候还能主动地直接影响时尚潮流。但是,在大的组

织机构中,从设计选择到产品的市场发布,其中的每一个步骤都需要遵循一套严格的计划。一旦决策已定,就根本无法逆转。

大型企业并不能很好地抵御围绕时尚产品生产而出现的不确定性。最典型的就是服装、制鞋、配饰等。新的流行趋势总是在不断形成中。与过去高级时装定制时代不同,现在流行时尚的民主化提高了快速适应新潮流的需要,快速改变颜色、风格和形状。

在这样的模式下,规模已经不再重要,临近由新一代时装设计师创造的高级时装定制的时尚中心(巴黎、米兰、伦敦、纽约),也不再重要。分布广泛、在全球有相互重叠网络的小型企业,以及处于园区边缘的企业(这里指的是传统时尚中心的边缘),也可以与非常大型的企业一样具有竞争力,前提是他们能够将自己加入到混乱的"开放源码"的时尚模式之中,而这一模式最重要的方面就是,对与时尚的新颖性相关信息的吸收能力[科恩和利文索尔(Cohen and Levinthal, 1990)]。为了证明这一观点,解释高端时装市场中企业的行为,了解他们能够跟随、采用流行趋势的方式和开发设计和吸收新产品的能力,我们在此运用了一些位于意大利重建的新兴时装生产园区蒙特贝卢纳的中小型企业的案例。

蒙特贝卢纳的特雷维索(Treviso),位于意大利北部,由于其运动系列产品,已逐渐成为国际上运动鞋和运动装备最重要的生产者之一。

3. 蒙特贝卢纳工业园区内企业对时尚流行信息的管理:调查结果

本节中我们将展示通过访问调查得到的实证研究结果,样本为位于一个有名的意大利工业园区内的13家企业和11个设计师。

我们先组织了一些对园区内主要人物的采访,了解园区总体进化过程。第二阶段,我们展开了对园区内最有影响的企业的大规模调查。

我们的工作涉及蒙特贝卢纳大量的样本企业,包括几乎所有的领导企业和一些设计工作室。在总数大约为400家的企业中,我们采访了40家企业的代表,包括13家重要的领导企业、13家小型企业和14位设计师。

收集的信息包括企业结构、产品范围、创新战略、企业获取园区外信息和知识的能力。我们将信息和知识进行了区分,信息指市场、现有的新技术和流行趋势,知识则是指对于特定领域技术诀窍的应用(或问题处理知识)。因此,在首次调查时,我们试图区分简单信息转移和技术诀窍转移。我们是想比较园区内企业在搜寻园区内、外部信息来源时的行为特征。被调查企业需要从园区内企业名册上指出其信息或技术提供人的姓名,也要求他们提供与外部机构或信息源之间的关系。

在蒙特贝卢纳案例中,囿于任务的复杂性,我们决定将信息源本地化仅作园区内或园区外(通过设立哑变量)划分。我们只拜访了领导企业。领导企业是通过四个参数组合挑选出来的,他们必须全部满足下述四个参数要求:(1)销售额规模(高于2.5亿欧元);(2)在对其他企业采访时被其他企业提到;(3)有自己的市场和生产(二级承包商和分销商不包括在内)条件;(4)在过去的三年中至少推出一款创新产品或创新工艺流程[①]。

我们采用传统社交网络分析法来研究数据,重点在于社交实体及其含义[沃瑟曼和浮士德(Wasserman and Faust,1994)]。我们用UCINET软件对获取时尚信息的来源进行了测绘关联。考虑到参与者的情况,我们使用名册法(包含蒙特贝卢纳地区所有活跃的参与

---

① 其他作者[马利皮耶罗等(Malipiero et al.,2005)]用重点企业(focal firms)这个词而不是我们所用的领导企业(leader firms),但意义类似。他们的研究发现,领头企业在外部知识的吸收上起了很大的作用。在工业园区研究文献中,领头企业可以与"温和的等级制度"相对应[博阿里和利帕里尼(Boari and Lipparini,1999)]。

者），仅测绘园区内部关系。

在这项实证分析中，我们将信息流与知识流区别开来。市场趋势和时尚信息是客观的，接收信息的企业在其生产模型中可以采用也可以不采用这些信息，取决于企业对信息的诠释能力。信息是简单的，但每个企业显然会根据自己的商业模式、市场机会和风格偏好进行"解读"[1]。

蒙特贝卢纳工业园区具有百年以上生产高性能鞋类的历史。在现今运动鞋已成为时尚品的时候，企业就必须进行全球时尚扫描并进行高成本的流行时尚样品开发（www.sportinggoodsbusiness.com）。这个区域在一段时间内进行了大范围的机构调整去适应不断变化的环境。一些区域内的企业被认为是现在世界范围的领导者[如斐乐（Fila）、萨洛蒙（Salomon）、罗西尼—朗格（Rossini-Lange）、多洛迈特（Dolomite）、健乐士（Geox）、诺迪卡（Nordica）、斯通富莱（Stonefly）、阿普达斯（Alpinestars）]，即使他们仍然属于中等或小规模企业。大型国际企业如耐克（Nike），看中了当地累积起来的制鞋工艺方面的技术能力，在20世纪80年代决定将其部分工厂建立在区域内[贝鲁西（Belussi,2005）;威尼托银行（Banca Veneto,2006）]。工业园区内聚集了大约400家企业和8 000名员工。本国60%的自行车用鞋和80%的直刀片都产自蒙特贝卢纳的企业。相对于全球市场而言，蒙特贝卢纳生产全世界50%的技术高山靴、75%的滑雪靴、65%的雪地靴和80%的摩托车靴（Bruniera,2005）。

3.1 蒙特贝卢纳园区内企业从时尚到设计的生产过程

在我们的分析中探索了企业吸收外部时尚信息的特性，计算了区域内企业和设计师使用的信息来源。此外，我们还研究了设计创造的内部过程，了解这一创新过程主要是使用企业内部的资源和能力，还

---

[1] 我们没有试图讨论有关问题解决方面的内容，因为在企业要解决已经确认的内部问题时，会向有知识的人寻求解决方法。

是正相反,主要是与企业外部中介机构(设计工作室)结成网络的结果。在定性采访中,我们收集了企业为设计时装系列而使用的时尚信息来源的种类。图1中分别展示了一组受访设计师使用的外部时尚信息渠道和企业使用的外部时尚信息渠道。在描述受访参与者互动的同时,我们还创造了两个集合分类,即区域外时尚工作室和区域内时尚工作室。这样做是为了维护信息源的保密性。根据采访,我们将蒙特贝卢纳地区企业的时装设计过程拆解开来。新产品(原型)创造基本上要经过五个主要阶段。这五个不同的过程如下:

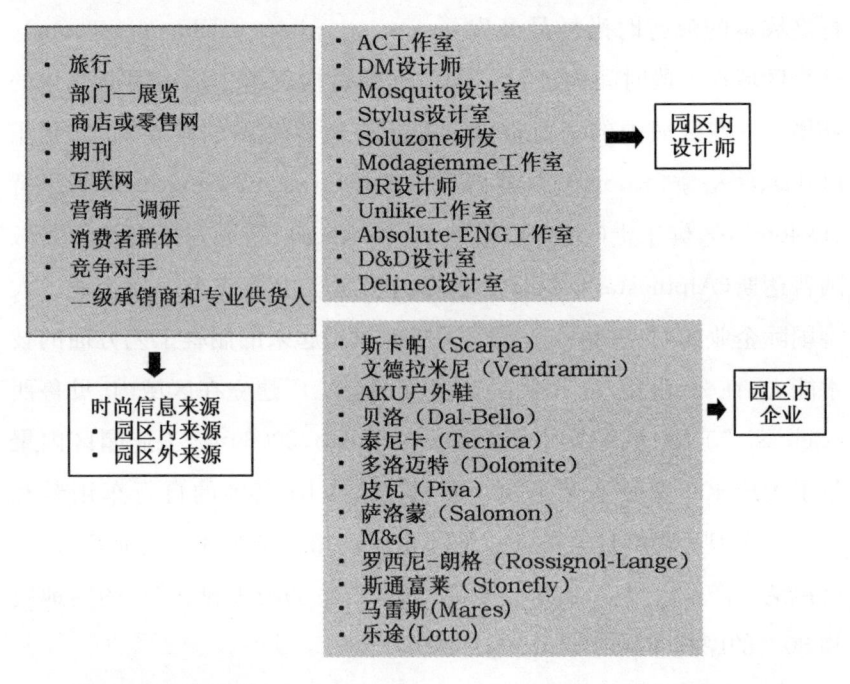

- 旅行
- 部门—展览
- 商店或零售网
- 期刊
- 互联网
- 营销—调研
- 消费者群体
- 竞争对手
- 二级承销商和专业供货人

- AC工作室
- DM设计师
- Mosquito设计室
- Stylus设计室
- Soluzone研发
- Modagiemme工作室
- DR设计师
- Unlike工作室
- Absolute-ENG工作室
- D&D设计室
- Delineo设计室

→ 园区内设计师

时尚信息来源
- 园区内来源
- 园区外来源

- 斯卡帕(Scarpa)
- 文德拉米尼(Vendramini)
- AKU户外鞋
- 贝洛(Dal-Bello)
- 泰尼卡(Tecnica)
- 多洛迈特(Dolomite)
- 皮瓦(Piva)
- 萨洛蒙(Salomon)
- M&G
- 罗西尼-朗格(Rossignol-Lange)
- 斯通富莱(Stonefly)
- 马雷斯(Mares)
- 乐途(Lotto)

→ 园区内企业

资料来源:作者采访。

图1　蒙特贝卢纳园区企业和时尚设计室外部时尚信息

(1)时尚构思,简要的最初想法的构思(视觉概念、时装系列的感觉),然后完成第一次草稿,通常是由设计师(或企业内部建模师)和设计师工作室的外部设计师组织完成。

（2）第一次内部草稿选择，在内部和（或）外部模型的帮助下，将新的想法转化为小型草图（设计出所有的细节），进行时装开发。

（3）第二次内部小型草图选择，通过内部或外部活动建立时装原型（系列）。

（4）在主要使用者、他们的零售商、竞争对手和本地专业二级承包商中进行第一轮时装测试；收集意见并修改时装；然后进行第一次内部时装原型选择。

（5）通过选择订单的方式确定时装系列；调整并最终确定可以进行生产的、商店或批发商的订单要能够达到足够规模的那些原型。

在这样的创意过程中，数以百计的最初方案最终被淘汰。企业寻求的不仅仅是选择到成功的设计，而且要防止没有选择到成功设计的风险。所以他们要想办法降低非信息的成本。

从我们的调查来看，典型的时尚构思不仅仅是基于内部能力（内部设计师）形成的。通常，企业会反复将外部设计师与内部能力结合起来，获得新鲜的灵感来源。企业会与两种战略性网络相联系：其一，市场中介网络，可带来新的流行趋势信息；其二，创新中介（设计工作室）网络，帮助企业实现将时尚变为具体产品的过程，即从简稿到样品的新设计创造过程。

最后四个接受调查的园区内企业（见图1）表示，他们使用区内设计室做第一步时装设计构思（通过小型草图进行模型设计）。只有一家样本企业［文德拉米尼（Vendramini）］完全使用区内时装设计室进行流行趋势预测。受调查的绝大部分企业都会使用区外的时尚设计工作室。

在一些案例中，时装设计室也提供样品，但较大的企业则习惯于自己开发样品，这主要是因为有企业内部的"建模师"；他们将一个想知识类型密切相关[巴尼(Barney,1986);科恩和利文索尔(Cohen and Levinthal,1989,1990)]。

速度维度可以系统地与信息源的数量联系起来。获取外部信息的方向,指的不仅是信息,而且是获取正确的信息,用以保证单个企业的竞争优势。而能获取到的信息的方向则取决于企业之前积累的知识。方向维度是和根据以前经验证明为有用的渠道类型相关联的。在一个主要由许多竞争对手构成的园区,各企业会使用平行信息搜索战略。外部信息源搜索模式在图 2 中表示为曲折、多环形状。相反,大型、孤立的企业,市场提供的信息只是通过一个线性过程进入企业,在此用连接市场和企业的箭头来表示。而且,区内企业,通过观察区内竞争对手、与区域专业供应商交换信息等方式,也在区内进行信息的平行搜索。另外,地方性协会(如靴子博物馆、滑雪靴博物馆等)就是明确地为了扩大和引导企业获取流行时尚信息而工作的,它们通过组织不定期研讨会促使本地企业的知识升级。下面是靴子协会的一些创意:(1)组织本地会议识别未来的流行趋势,从国际市场邀请外部设计师与企业设计师一起举办讨论会;(2)购买流行趋势分析,将高成本的信息提供给本园区内的所有企业。蒙特贝卢纳靴子协会的另一个宏伟计划,就是推动本地企业自己成为流行趋势的创立者。这一计划称为"流行趋势观测台",推动那些有国际知名品牌的企业把它们的设计聚合在一起,达到足够的数量,从而成为趋势的创立者。

我们也必须承认,中介机构一般会忽略重要数据。收集到的与建立或调整企业原型相关的信息,必须得到正确的评估。外部信息的获取常常受到单个组织认知程度的局限[科恩和利文索尔(Cohen and Levinthal,1990);洛斯比(Loasby,2000)]。在信息泛滥的世界里,企业竞争优势取决于其挑选最具代表性信息来源的能力。因此,对于所获得的外部信息价值的评估能力十分关键[洛斯比(Loasby,2000)]。我们可以看出,园区中许多成功的故事都显示了企业正确感知(或预

理想的独立企业

生产者 ←──────────────── 终端市场

工业园区企业

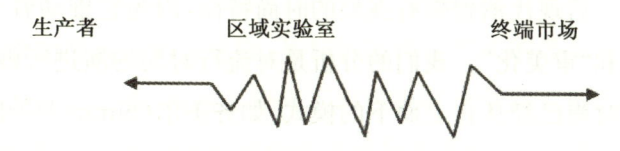

生产者 ←∿∿∿∿∿∿∿∿∿→ 终端市场
　　　　　区域实验室

资料来源：作者采访。

图 2　开发原型过程中流行信息的吸收

测)流行趋势的能力。正是由于累积起来的经验使企业能够保持正确的预期能力[巴尼(Barney,1986);桑托加塔(Santagata,2004)]。因而,老企业或领导企业会受到其他区域内企业的关注,而最成功企业的款式和动作马上会被其他企业采用[迈纳和豪恩席尔德(Miner and Haunschild,1995)]。

在工业园区内,进入园区共同知识库,了解其他企业拥有的知识,使单个企业可以掌控信息,并使其所截获的信息节点的数量成倍增加(见图 2)。这样,位于工业园区中的企业,就可以避免在需要浏览专业信息和必须掌握与吸收大量普通信息之间做取舍[也得到各种区内超级组织者的帮助,参见皮罗第(Pilotti,2001)]。流行信息的递归过程是受到时装企业掌控的,他们审查外部信息来源,与外部机构(设计师)建立起某些诠释或创意能力。

企业在区域内进行相似活动的方式各有不同,是因为存在一个广大的"知识图书馆"。区域内企业与理想的独立企业相比有很大差异,独立企业的原型测试并不能得益于同类型流行信息调整的递归过程,因为对流行趋势的调整过程只可能发生在决策的最后阶段(见图 2)。

Banca Veneto, (2006) *Asolo e Montebelluna centro mondiale della calzatura spotiva*, Rapporto OSEM 2006.

Barney, J. B. (1986) Strategic factor markets: expectations, luck and business strategy, *Management Science*, 32(10), pp. 1231—1241.

Bathlet, H., Malmberg, A. and Maskell, P. (2004) Clusters and knowledge: local buzz, global pipelines and the process of knowledge creation, *Progress in Human Geography*, 28(1), pp. 31—56.

Baudrillard, J. (1983) *Simulations* (New York: Semiotext(e)).

Baumol, W. and Bowen, W. (1966) *Performing Arts: The economic Dilemma* (New York: Twentieth Century Press).

Belussi, F. (2005) The evolution of a western consolidated industrial district through the mechanism of knowledge creation, ICT adoption, and the tapping into the international commercial nets: the case of Montebelluna sportwear district, in: F. Belussi and A. Samarra (Eds) *Industrial Districts, Relocation, and the governance of the Global Value Chain*, pp. 227—275 (Padova: Cleup).

Belussi, F. and Pilotti, L. (2002) Knowledge creation, learning and innovation in Italian industrial districts, *Geographiska Annales*, 84B(2), pp. 125—139.

Bianchi, M. (1999) Novelty, preferences, and fashion: when goods are unsettling, *Journal of Economic Behaviour & Organisation*, 47(1), pp. 1—18.

Blumer, H. (1969) Fashion: from class differentiation to collective selection, *Sociological Quarterly*, 10(3), pp. 275—291.

Boari, C. and Lipparini, A. (1999) Networks within industrial districts. Organising knowledge creation and transfer by means of moderate hierarchies, *Journal of Management and Governance*, 3, pp. 339—360.

Bourdieu, P. (1979) *La Distinction* (Paris).

Braham, P. (1997) Fashion: unpacking a cultural production, in: P. du Gay (Ed.) *Production of Culture, Cultures of Production* (London: Sage).

Bruniera, D. (2005) L'internazionizzaione del distretto di Montebelluna: situazione attuale, strategie e tendenze, *L'Economia della Marca trevigiana*, December,pp. 5—10.

Caves,R. E. (2000)*Creative Industries-Contracts between Art and Commerce* (Cambridge,MA: Harvard University Press).

Coe, N. and Bunnell, T. (2003)Spatializing knowledge communities: towards a conceptualization of transnational innovations networks,*Global Networks*,3(4), pp. 437—456.

Cohen, W. M. and Levinthal, D. A. (1989)Innovation and learning: the two faces of R&D,*Economic Journal*,99,pp. 569—596.

Cohen, W. M. and Levinthal, D. A. (1990)Absorptive capacity: a new perspective on learning and innovation,*Administrative Science Quarterly*,35,pp. 128—152.

Cooke, P. and Lazzeretti, L. (Eds)(2008)*Creative Cities*,*Cultural Clusters and Local Economic Development*(Cheltenham: Edward Elgar).

Cova, B. (1997)Community and consumption. Towards a definition of the "linking value" of product or service,*European Journal of Marketing*,32(3/4), pp. 297—316.

Davis, F. (1994)*Fashion*,*Culture*,*Identity*(Chicago: University of Chicago Press).

Djelic,M. and Ainamo,A. (1999)The coevolution of new organizational forms in the fashion industry: a historical and comparative study of France,Italy,and the United States,*Organization Science*,10(5),pp. 622—637.

Entwistle, J. (2000)Consumers, commodities, and consumption,*Prospective American Sociological Association*,Newsletter Issue 2,No. 1,Berkeley.

Evans, S. (2004)Slideshow found on www.creativecluster.co.uk.

Fine, B. and Leopold, E. (1993)*The world of Consumption*(London: Routledge).

Firat, A. and Shultz, C. (1997)From segmentation to fragmentation,*European Journal of Marketing*,31(3/4),pp. 183—207.

Firat, A. and Venkatesh, A. (1993)Post-modernity: the age of marketing,*International *Journal of Research in Marketing*, 10(9), pp. 227—249.

Flügel, J. Cl. (1930) *Le Rêveur nu, de la parure vestimentaire* (Paris) (1st edn. 1982).

Gereffi, G. and Bair, J. (2001) Local Clusters in global chains: the causes and consequences of export dynamism in Torreon's blue jeans industry, *World Development*, 29(11), pp. 1885—1903.

Gergen, K. (1991) *The Situated Sell: Dilemmas and Identify in Contemporary Life* (New York: Basic Books).

Guiliani, E. , Rabellotti, R. and van Dijk, M. P. (Eds) (2005) *Cluster Facing Competition: The Importance of External Linkages* (Aldershot: Ashgate).

Grandinetti, R. and Camuffo, A. (2005) I distretti industriali come economie della conoscenza, *Argomenti*, 15, pp. 10—42.

Lash, S. and Urry, J. (1987) *Economies of Signs and Space* (London: Sage).

Leopold, E. (1992) The manufacture of fashion system, in: J. Ash and E. Wilson (Eds) *Chic Thrills* (London: Pandora).

Lipovetsky, G. (1994) *The Empire of Fashion Dressing Modern Democracy*, New French Thought Series (Princeton, NJ: Princeton University Press).

Loasby, B. (2000) Organisations as interpretative systems, Druid Summer Conference, Aalborg.

Lorenzen, M., Friis, I. and Vàmosi, T. (2004) *Erhvervsøkonomiske teori* (Forlaget Samfundslitteratur).

Malipiero, A. , Munari, F. and Sobrero, M. (2005) Focal firms as technological gatekeepers within industrial districts: knowledge creation and dissemination in the Italian packaging machinery industry, Druid working Paper 5, Copenhagen Business School.

Miner, A. S. and Haunschild, P. R. (1995) Population level learning, *Research in Organisational Behaviour*, 17, pp. 115—166.

O'Cass, A. (2004) Fashion clothing consumption: antecedents and consequences of fashion clothing involvement, *European Journal of Marketing*, 38(7), pp. 869—882.

Pholhemus, T. (1994) *Street Style* (London: Thames and Hudson).

Pilotti, L. (2000) Evolutionary and Adaptive Local Systems in Northeast Italy, in: F. Belussi and G. Gottardi (Eds) *Evolutionary Patterns of Local Industrial Systems* (Aldershot: Ashgate).

Pine, J., II and Gilmore, J. H. (1999) *The experience Economy* (Boston, MA: Harvard Business School Press).

Pratt, A. (2004) Toward the governance of the creative industries production system? Paperresubmitted to *Media International Australia Incorporating Culture and Polity*.

Santagata, W. (2004) Fashion, market behavior, and creativity, in: A. J. Scott and D. Power (Eds) *Cultural Industries and the Production of Culture* (London and New York: Routledge).

Simmel, G. (1957) Fashion, *The American Journal of Sociology*, LXII, pp. 541—558 (Reprinted from International Quarterly, X, 1904.

Staber, U. (1998) Inter-firm co-operation and competition in industrial districts, *Organization Studies*, 19(4), pp. 701—724.

Staber, U. (2001) The structure of networks in industrial districts, *International Journal of Urban and Regional Research*, 25(3), pp. 537—552.

Throsby, D. (2001) *Economics and Culture* (Cambridge: Cambridge University Press).

Tushman, M. (1977) Special boundary roles in the innovation process, *Administrative Sciences Quarterly*, 22(4), pp. 587—605.

Tushman, M. L. and Katz, R. (1980) External communication and project performance: an investigation into the role of gatekeepers, *Management Science*, 26(11), pp. 1071—1085.

Veblen, T. (1949) *La teoria della classe agiata* (Torino: Einaudi).

Vissers, G. and Dankbaar, B. (2002) Creativity in multidisciplinary new product development teams, *Creativity and Innovation Management*, 11(1), pp. 31—

42.

Wasserman, S. and Faust, K. (1994) *Social network Analysis* (Cambridge University Press).

Worth, J. —C., (1930) Á propos de la mode, *La Revue de Paris*, 15 May.

www.sportinggoodsbusiness.com.

Zahra, S. A. and George, G. (2002) Absorptive capacity: a review, reconceptualization, and extension, *Academy of Management Review*, 27(2), pp. 185—203.

西尔维娅·R.赛迪塔(Silvia R. Sedita)
意大利帕多瓦大学经济与管理系
(Department of Economics and Management, Padua University, Padua, Italy)

表演艺术中的人际网络和组织间网络：现场音乐产业中的项目组织案例

[内容提要] 本文的主要目的是在以项目为基础的组织(PBO，下称项目组织——译者注)的研究方面对相关文献有所贡献，探讨临时性机构是怎样嵌套在由人际网络和机构间网络构成的组织机构设置之中的。我们特别关注的是表演艺术领域。这里，项目组织定义为，运用一次性方式组织交易的机构，产生于永久性机构利用现有社交和生产网络进行组织机构设计的能力。这种网络可以看成是隐性的非正式网络，是建立在声誉基础上的人际关系。本文还试图探讨组织调动隐性网络的能力和其经济业绩之间的关系。实证背景是威尼托(Veneto)大区的现场音乐表演。分析涉及的歌手人群是在2003年内至少为一个机构工作过一次，在该地区的一个文艺活动中出演过。运用统计方法和网络分析工具，本研究显示了创意网络的存在。组织在调动潜在网络方面的能力，有助于提升它们的经济效益。

1. 引言

创意的个性化论的起源可追溯到文艺复兴后期，认为艺术家(作为"那个"创意载体)是得天独厚的天才。因此，一些对创新的社会学研究假定，创新性工作是孤独的和高度竞争的，艺术家们都独立工作，或仅把利用网络关系作为"最后的救命稻草"[赫希(Hirsch,1931)]。

阿马比尔(Amabile,1982)提出了创意研究的社会文化论。根据这一理论，一个产品之所以是有创意的，是因为行业内的专家认为它有创意[阿马比尔(Amabile,1983,1996)；希尔和阿马比尔(Hill and Amabile,1993)；森特米哈伊(Csikszentmihalyi,1996)]。近来，社交网络文献中，对于网络是新思路的产生和发展的核心这一观点，已经有了理论解释[佩里—史密斯和萨里(Perry-Smith and Shalley,2003)；史泰博(Staber,2008)]和实证[伯特(Burt,2004)；佩里—史密斯(Perry-Smith,2006)；弗瑞艾尼和卡塔尼(Ferriani and Cattani,2007)；基耶库特和范登恩德(Kijkuit and van den Ende,2007)]。

有关项目组织[霍布德(Hobday,2000)；劳伦岑和弗雷德里克森(Lorenzen and Fredriksen,2005)]的文献，提出了一个有意思的关于创意产业作用的解释性模型，即人际关系网络和组织间关系网络起着重要作用。在此背景下所要研究的问题是，项目组织是否以及如何在表演艺术领域运作。

例如，作曲就是一项创意活动，其产生的产品诸如乐谱或录音棚录音，而表演是一种临时性活动，只存在于乐队演奏的时候[1]。一场爵士乐即兴表演就是完美的创意，是几个音乐人之间合作互动的结果。类似地，一场戏剧或歌剧演唱会也是由单个人组成的剧团创造的。

表演艺术的创意表现在，个人的才能（团组）汇集在一起去完成一个临时而独特的产品。研究人员发现，有些团体比另一些团体具有更大的创造力，通常都是因为团组人员已经在一起工作了相当长时间，有共同语言并有一系列互补的专长[索耶(Sawyer,2003,2006)]。在管理文献中，这些个人被称为连接隐性网络创意潜能的节点[斯塔基

---

[1] 尽管演出的创意核心就是一次性活动，但其实演出的组织往往是在乐队演出之前很长时间就存在了。因此，演出前就会发生很多活动的协调和知识的整合。

等(Starkey et al.,2000);格雷伯(Grabher,2002a,2004);曼宁和赛多(Manning and Sydow,2007)]。隐性网络在此定义为艺术资源池,而资源之间的联系是通过经常性的合作形成的。

正如皮罗第(Pilotti,2003)强调的,现有的论述表演艺术的商业文献都聚焦于生产的纯经济性,只关注合理利用金融资源[鲍莫尔和鲍恩(Baumol and Bowen,1965,1966);鲍莫尔(Baumol,1967);思罗斯比(Throsby,1994);伏戈尔(Vogel,1998)]①和依赖公共支持举办艺术活动等相关问题。几乎鲜有对组织现场演出方面的动态研究,特别是在人力资源管理方面。显然,关于表演艺术表达和功能方面的信息是匮乏的。对于这种匮乏有必要进行弥补,以便超越解决鲍莫尔病的经典方案。鲍莫尔病指的是螺旋上升的成本和人员削减,其副作用就是对艺术作品质量的损害[特里马奇(Trimarchi,1993,2004)]。

本文试图弥补艺术演出组织,特别是人力资源管理,在理论和实证研究方面的欠缺。本文对表演艺术管理和项目组织进行了理论回顾,同时还提供了一些项目组织的网络结构及其在表演艺术中的作用等方面的经验证据,特别关注的是现场音乐演出。本文通过阐述威尼托大区现场音乐集群②,对现场音乐活动的组织和管理方面的文献著述做出了新的贡献。通过分析威尼托大区现场音乐中人际网络和组织间网络的结构,本研究显示出隐性网络的存在,我们还检验了隐性网络对于组织的经济业绩的重要性。此外,我们的研究还产生了有悖于常理的发现,即现场音乐产业中有不同的组织行为。

本研究使用了 ENPALS(表演艺术工作者国家福利与援助局 En-

---

① 鲍莫尔和鲍恩(Baumol and Bowen)运用两部门模型,即生产性(制造业)部门和非生产性(艺术)部门,分析了两个部门工资提升对整体经济的影响。在前者,工资的上升被劳动生产率的上升"摊薄"了(劳动生产率的提升可以通过创新过程以及新的生产技术和信息通信的应用获得)。在后者,劳动生产率基本上是不变的,成本降低很困难(需求曲线总是低于边际成本曲线),而且表演艺术演出票价远低于边际成本,因此,只有通过公共干预才能承受工资增加带来的外生性冲击。
② 见贝鲁西和赛迪塔(Belussi and Sedita,2008)关于威尼托大区作为表演音乐集群的更详尽的描述。

te Nazionale di Previdenza e di Assistenza per I Lavoratori dello Spettacolo)数据库,这个数据库以前从未被用于对表演艺术组织的分析。我们通过 UCINET6 软件包,运用社交网络分析技术,描述威尼托大区活跃的项目组织的网络构成。对区域内活跃的永久性机构和歌唱演员进行的深入访谈,也从定性的角度支持了我们的主要结论。

本文的组织结构如下:第二部分是关于项目组织概念的由来和发展;第三部分描述表演艺术的网络结构,提出三个可验证假设;第四部分说明实证背景和由社交网络分析得出的描述性结果;第五部分是结论。

2. 创意产业中的项目组织:概念的由来与发展

现在西方世界经济的大部分是建立在以服务业[贝尔(Bell,1973)]和创意产业[卡福斯(Caves,2000);霍金斯(Howkins,2002)]的企业为主导的基础之上。但是,直到近期,对于这些部门的研究以及对这些部门新产品送达消费市场的组织模式的分析,一直都被经济和商业文献系统性地忽略了[泰珀(Tepper,2002)]。一看到"创意经济"字眼就表明,这些部门的产品生产是通过非常独特的具有临时性和项目导向的组织模式实现的。下面就对临时的项目组织概念进行一个文献回顾。

2.1 临时性系统

古德曼和古德曼(Goodman and Goodman,1976)对临时性系统的定义是,具有不同资质并依据个人技能挑选出的一组人,在一段有限的时间内,为了一个困难而复杂的任务,一起工作。一般而言,目标任务具有其独特性,不可能依照永久性机构统一的特定常规[尼尔森和温特尔(Nelson and Winter,1982)]或程序来完成。因此,永久性机构会创造或依赖一个为目标而设的临时性架构。这类临时性系统的简单的例证如研发项目、戏剧生产、陪审团、竞选班子等。这类临时性系统可采取不同形式,通常都冠以群组、团队或项目之名。

2.2 临时性组织

伦丁和索德霍尔姆(Lundin and Söderholm,1995)特别强调了决定临时性组织存在的要素,为临时性组织理论打下了基础。具体来说,这些要素突出了从集体实践中学习(行动中学习)的重要性,而不是对决策过程进行微调的简单需要。从这个角度看,临时性组织正好成为人们从共同实践活动中分享不同技能、激发学习过程的中心。临时性组织通常都是作为一个永久性机构的附属单位而组成的,由永久性机构确定任务和完成任务的时间。临时性组织的成员一般会在一个永久性机构里有其他工作,而且这些工作在临时性组织存续期结束后仍可持续。因此,就有了多层次组织结构,对具体的工作者(特别是有较高技能的人)来说,永久性工作和在临时性组织中的工作是有重叠的。这类结构的一个简单例证是,教授在大学(一个永久性组织)不仅进行日常工作(如教学,这是机构得以生存的保障),同时还参与各种具体的研究项目(临时性组织),这些项目开发和使用了他或她个人的创造力,并且也为他或她所正式服务的机构带来名誉。

2.3 项目组织

临时性系统常常跨越单一企业的界限,具有某些网络特征[1]并因此能够降低交易成本,这就是项目组织[劳伦岑和弗雷德里克森(Lorenzen and Frederiksen,2005)]。在文献里,项目组织在管理复杂波动的市场、跨功能跨企业的能力、市场驱动的创新和技术不确定性等方面,被认为是理想的组织形式[霍布德(Hobday,2000)]。这类机构的设置形式,例如功能性的或矩阵式的,都是反传统组织结构的,因为其主要的经营活动都是在特定项目内完成的。项目的短期性特征,要求在组织上和运作上具有灵活性,这就使得项目组织,与垂直一体

---

[1] 项目组织是一个网络形式的社会组织,是一个介于市场和等级机构之间的中间模式[鲍威尔(Powell,1990);马斯克尔和劳伦岑(Maskell and Lorenzen,2004a,b)]。

化的组织相比,在高度竞争的市场上具有更好的表现①。

因此毫不奇怪,在后福特主义时代(post-Fordist era)出现了持续存在的部分或全部由项目运作组成的大型企业和小企业集群,如意大利工业园区的小企业群。这种灵活的专业化系统的特点是,即使没有预见到市场变化,它也具有优异的市场信息监测能力(特别是在时装、设计和家具等"意大利制造"行业)。加尔布雷思(Galbraith,1977)已经指出,组织类型具有连续性,从 M 式[钱德勒(Chandler,1962);彭罗斯(Penrose,1995)]到矩阵式,最后到以项目为基础的形式。尽管大型企业试图将不同组织形式混合在一起,但项目组织总是受到青睐,从汽车行业就可以看出,其典型组织的类型是 M 式,近来却转向较为频繁地利用项目运作,特别是在产品的开发阶段[沃马克等(Womack et al.,1991)]。满足客户需求和通过创新改善企业业绩的能力,高度依赖于人员招聘和技术技能开发,而这一点在项目组织内得到强化[甘恩和索尔特(Gann and Salter,2000)]。一些理论文献,特别是北欧学派[阿什海姆(Asheim,2002);马斯克尔和劳伦岑(Maskell and Lorenzen,2004a);劳伦岑和弗雷德里克森(Lorenzen and Frederiksen,2005)],已经尝试研究和规范化项目组织,并将它们当作规划和启动创新活动的首选的组织形式[例如,在广告业、音乐和电影行业——格雷伯(Grabher,2002a,b)]。

3. 表演艺术行业中项目组织的网络结构

3.1 表演艺术行业中的项目组织

一些学者将一场表演的生产和登台演出连接成项目,而这个项目是在一个视情况而变的环境下产生和推进的,其管理也许采取项目管

---

① 在高度竞争的市场上,经济要素通常采取提高质量、提高创新和差异化需求所要求的灵活性,以及高度的消费者导向的产品和服务,来取得竞争优势[劳伦岑和弗雷德里克森(Lorenzen and Frederiksen,2005)]。

理的模式[温奇(Winch,1997);哈特曼等(Hartman et al.,1998)]。这都是对采用管理的方法来管理现场表演所做的一些初步探讨。在这个领域内,项目组织的典型产品是,同时有许多专业人士参与其中的,例如人力和物力资源,在短期内启动完成的活动。格雷伯(Grabher,2002a:212)描述了项目、人际联系、地方关系和组织背景等相互关联的"生态",也探讨了由地方协会组织活动的模式。地方协会就是吸收本地和远程人力资源的永久性机构——隐性网络。

网络是管理这些活动的基本框架,是通过建立个人和永久性组织之间的直接联系和隐性网络中个人的人际关系图而形成的(Belussi and Sedita,2008)。网络成员以隐性方式将他们不同的能力集合在一起,这一点在许多研究中都有阐述[例如,豪恩席尔德(Haunschild,2003)]。格雷伯(Grabher,2001a:1334)认为,项目的增值取决于社会环境,即由传统企业和其他属于比较稳定类型的社会组织所构成的社会环境。

大部分协会都是公众或非营利性的[汉斯曼(Hansmann,1981)],每个协会的作用就是利用现有资源预先安排音乐活动需求,现有资源就是音乐家以及本地有才华的艺术家社交网络[特里马奇(Trimarchi,1993)]。音乐家可以直接由了解他们的曲目和能力的同事吸收进来,而这些同事则是由对同一个社区有归属感的非正式网络联系在一起的。贝克尔(Becker,1982)将这种网络称为一个合作系统。其结果是,传统劳动力市场动态背后的经典规则在此被颠覆了,代之以社区式劳动力市场体系,受友情网络和单个艺术家声誉自我强化机制的管治[莫雷蒂(Moretti,1995)]。艺术项目是在一种阶段性合作的氛围下完成的,这样的氛围引起隐性网络的产生和资源的聚集,由此导致"元组织"关系的形成[西卡(Sicca,2000)]。从这个角度看,项目推动创造性潜能的释放,而创造性潜能又是通过实践和经验分享不断产生和再产生的,以前项目的成员吸收参与后面项目的人力资源。这种重复合作的体系是通过成员从以前的合作中赢得的声誉得以维系的[琼斯(Jones,1996);德菲利普和亚瑟(DeFillippi and Arthur,1998);格雷伯(Grabher,2001b)]。在几乎所有的创意产业中都会演化出对于艺术社区成员的共识判断,因而艺术家会被分为一等或二等类别艺术家,在某种程度上以此代表他们自己的能力及可靠性和适用性[卡福斯(Caves,2000)]。通过与艺术家建立了工作关系的社区内所有其他成员的非正式交流,一个艺术家的级别会被经常验证和重新分类。

隐性网络成员的声誉和反复的合作,降低了在每一个新项目中建立新秩序的需要:共同的语言、共同的兴趣和程序;而重建新秩序的需要,在兰沙拉(Lanzara,1999)看来,是"短暂构建"活动的一个障碍。隐性网络以某种方式解释了临时性和永久性机构模糊不清的边界:"我认为短暂构建不像我们通常想象的那么短,持续性结构也不像我们通常想的那么持续"[兰沙拉(Lanzara,1999:343)]①。

图1概括了表演艺术项目组织的主要构成因素,显示出艺术活动的组织模式,体现了现场音乐领域项目组织的特殊性。艺术活动的组织所动员的一系列物力和人力资源,是由该领域内永久性机构和表演者隐性网络之间的互动带来的。显然,这是一个非等级组织过程,牢固植根于非正式的人才招聘机制,而且远不受个人理性的支配。

本文实证分析部分致力于描述隐性网络在音乐表演生产中的重要性,采用自下而上的方法对一个艺术活动的组织进行分析。

3.2 隐性网络和相邻性

隐性网络是受信任和互惠机制约束的,这一机制往往可以降低项目成员和组织者的交易成本。如果隐性网络的节点都在地理上相邻,强化嵌入性[艾金史密斯(Ekinsmyth,2002);格雷伯(Grabher,

---

① 兰沙拉(Lanzara)在此指的是需要"设计行动"的临时性机构,这是一种实用的、情境中的、环境敏感的设计模式,适应于变化和稳定需求、持续与短暂结构之间的动态张力。典型的例子就是在紧急情况下组织和计划救援队伍[地震或其他自然灾害后,以及在战争期间或发生恐怖袭击的时候——见兰沙拉(Lanzara,1993)]。

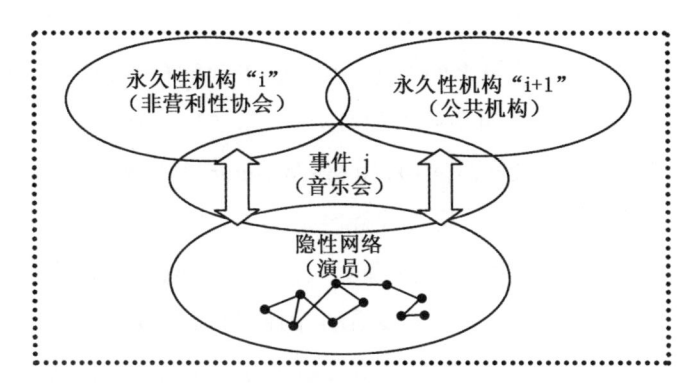

资料来源：根据赛迪塔（Sedita，2007）整理。

图1　项目组织模型

2002a）；赛多和史泰博（Sydow and Staber，2002）；内夫（Neff，2005）]和社区归属感，那么网络的效率就会更高。因此，艺术文化园区或集群［莱泽瑞提（Lazzeretti，2001，2005）；萨科和贝得里尼（Sacco and Pedrini，2003）；桑托加塔（Santagata，2004，2005）；莱泽瑞提和辛迪（Lazzeretti and Cinti，2006）；库克和莱泽瑞提（Cooke and Lazzeretti，2008）]是发展这类关系的理想的中心区域。这个行业一个重要的组织元素，就是一个让合作网络或生产者—使用者互动得以发展的地理相邻的过程。创意产业趋向于集聚，并受益于与传统制造业园区同样的外部经济和收益递增机制［劳伦岑和弗雷德里克森（Lorenzen and Frederiksen，2008）]。后马歇尔集群理论［阿尔贝蒂尼和皮罗第（Albertini and Pilotti，1996）；贝鲁西和皮罗第（Belussi and Pilotti，2002）]发现，知识资产的作用是这类市场组织成功的关键的战略要素。知识（包括隐性知识和显性知识）转移机制受益于地理上的相邻、"共同点"和相互了解。人们普遍承认，后马歇尔园区理论中，地理相邻是一个重要的维度，而且似乎对临时性组织更为适用。共享战略资源（物力，也包括无形资产）有多种好处：降低交易成本、保障再生产体系、积累社会资源。

3.3 隐性网络和实践社区

隐性网络上联系较多的节点,由于处于共同位置,往往会形成一个实践社区(CoP)[布朗和杜吉德(Brown and Duguid,1991);雷夫和温格(Lave and Wenger,1991);温格(Wenger,1998)]。雷夫和温格(Lave and Wenger,1991)将实践社区定义为,一个由属于特定社会背景的个人组成的自发性团组,这些个人都具有相同兴趣并使自己的专业知识应用于共同和分享的实践活动,因而激励了情境学习过程。

尽管实践社区(CoP)不能与项目组织相提并论,但它是一个关键性元素,在项目之前就存在,甚至在项目目标达成之后还继续存在[科昂代和西蒙(Cohendet and Simon,2007)]。实践社区的组成成员会分享他们长期积累的不同的能力,所建立的社会资本[雅各布(Jacob,1961);布迪厄(Bourdieu,1985);科尔曼(Coleman,1988);帕特南(Putnam,1993)]并不随着项目的完成而消散[关于这一点参见,塔利亚文蒂等(Tagliaventi et al.,2004);托马西尼(Tomassini,2005)]。我们发现,在一个团队中有可能出现一种快速信任现象,它可以暂时保证各成员的亲密度和合作性。相反,一个隐性网络则认可社会资本的积累,并因此而形成一个致力于完成未来若干个项目的实体机构[赛多和史泰博(Sydow and Staber,2002)]。

3.4 研究的问题

尽管人们对项目组织和项目的社会生态的兴趣越来越浓,但现有的研究文献却没有对一些重要问题有所解答,部分原因可能是方法论的选择和缺乏个人层面的微观数据所致。现场音乐产业中项目组织的网络结构是什么?现场音乐活动的组织是否与格雷伯(Grabher,2002a)所提出的项目生态相符?如何提高这个行业中运作的组织的经济效益?隐性网络可以作为一种工具来降低组织现场演出的成本吗?这些都是本文探讨的主要的研究问题。

3.5 假设

上面的讨论解释了项目组织是如何组织音乐演出活动的:用一次

性方式组织交易,产生于永久性组织利用现有社交和生产性网络设计出一个合适的组织机构的能力。这些网络可以看成是隐性的非正式网络,是建立在声誉基础上的人际关系[斯塔基等(Starkey et al.,2000)]。表演艺术是以创意网络为基础的,格雷伯(Grabher,2001b)称之为参与、合作和非正式工作形态的生态系统。在企业中心分析法中,人力资源通常是稳定的,但在创意生态中他们是流动的和临时的[贝克尔(Becker,1982);卡福斯(Caves,2000)]。如坦皮斯特等(Tempest et al.,2004)所述,他们追求的是"更'职业的'而不是更'有组织的'事业"。

假设1:音乐活动的组织是基于一种合作的生态,其中隐性网络起了主要作用,不同于一般以等级关系为主的企业中心分析法。

艺术活动的管理是对一定范围内资源和能力的开发,这些资源和能力是由嵌入式关系系统连接起来的。为了使事件导向的组织模式具有可行性,合作及网络方面的范围维度变得十分重要,因为轻松的面对面的交流和知识交换,可以减少不确定性和冒险行为,从而降低交易成本,并促进持续的知识升级。因此,将隐性网络模式的开发与组织的业绩表现联系起来,非常重要。一个与许多其他组织共享自己人力资源的组织,会更多地依赖于隐性网络,从而有助于降低交易成本。

假设2:更愿意从隐性网络招收人才的组织,其经济上的表现也会比较好。

艺术工作者认为,临时性合同作为积累不同的、有刺激的工作经验的手段,是很有必要的[弗里德里克森和赛迪塔(Frederiksen and Sedita,2005)]。他们参与多个组织的多种工作,而不是追求通常以长期合同为特征的、标准的常规劳动模式。如鲍莫尔(Baumol)所提出的,临时性合同的增加不仅仅是降低高劳动力固定成本的方式,同样也和高收益相联系。

假设3：一年之内为一个以上的组织工作的"游走"的工作者们，得到的收入要好于"一夫一妻制"一年只为一个组织工作的人们。

4. 实证描述：威尼托现场音乐产业

为了研究创新网络的组织关系（根据以上的界定），包含现场音乐产业的隐性网络和永久性组织，我们选择了在国际上知名的具有音乐传统的威尼托大区作为研究对象。一些出生于威尼托或在威尼托学习过的著名作曲家、音乐总监、歌剧演唱家包括安东尼奥·维瓦尔第（Antonio Vivaldi）、贝内代托·马尔切洛（Benedetto Marcello）、乔凡尼·加布里埃利（Giovanni Gabrieli）、安东尼奥·萨列里（Antonio Salieri）、阿里格·博伊托（Arrigo Boito）、爱丽思·阿达米·克莱蒂提（Iris Adami Corradetti）、露西亚·瓦伦蒂尼（Lucia Valentini）、朱塞佩·西诺波利（Giuseppe Sinopoli）、雷纳托·布鲁松（Renato Bruson）、卡迪亚·里恰蕾莉（Katia Ricciarelli）。在这里有两所意大利最重要的音乐机构，威尼斯凤凰剧院基金会（the Fenice Theatre Foundation of Venice）和维罗纳竞技场基金会（Arena of Verona Foundation），同时还有不计其数的音乐学院（7所音乐学院）、音乐学校、古典音乐协会和现代音乐俱乐部。

图2清晰地显示了威尼托大区音乐学院的核心程度，以及威尼托与意大利其他地区相比所具有的特别之处。

2005年7月8日，威尼托大区7所音乐学院的院长共同创立了"威尼托音乐学院联盟（Consorzio tra i Conservatori di Musica del Veneto）"，一个囊括了3 500名学生和650名教授的联合体。

这个集群在意大利非常独特，它促使有巨大潜力的能力和资源网络的出现。这一联合体致力于在"音乐学院联盟"的网络内，分享能力、协调研究工作与教育和艺术生产等活动。这方面的最大的工作是组织每年一度的音乐会，演员都是7所院校中最优秀的学生或毕业

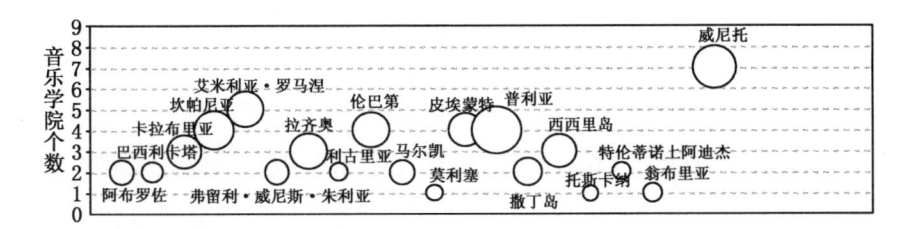

注：图中圆点的大小与各地区 2004~2005 学年注册入校的学生人数相对应。X 轴表示的地区按字母顺序排列。

资料来源：贝鲁西和赛迪塔（Belussi and Sedita，2008）。

图 2　意大利音乐学院和学生的分布

生。最近的一次是 2007 年 7 月 28 日在威尼托自由堡（Castelfranco Veneto）（电视）举行的，有威尼托大区音乐学院联盟乐团（ORCV，Orchestra Regionale dei Conservatori del Veneto）的 81 个单位参加。

威尼托在歌剧表演方面尤为突出：2003 年，意大利全部票房收入的三分之一（31.8%）集中在这一地区（资料来源：SIAE，2004；见表 1）。

这里交响音乐表演及活动的得分也很高。专门的音乐表演机构组织的活动很有实证代表意义，因此使本区域成为相关内容的重要分析实验室〔见达拉利伯拉和帕伦博（Dalla Libera and Palumbo，1988）编辑的有关威尼托大区音乐活动的报告〕。

4.1　数据来源

本文分析所用的数据库，是根据作者取自于 ENPALS（表演艺术工作者国家福利与援助局，Ente Nazionale di Previdenza e di Assistenza per I Lavoratori dello Spettacolo）数据库的原始数据建立的。这个机构位于罗马，收集的信息包括所有公立和私立机构从事表演艺术工作的人员的养老保险缴费数据。本文分析所用的微观数据是匿名的，涉及 2003 年在威尼托大区举办的每一次音乐活动。数据采集的依据是，在一次活动中至少有一个工作日一个音乐家得到了一个

"企业"(公立组织、私立组织或非营利性机构)的酬劳。单个工作人员都有一个特别编码对应"企业",这就有可能将企业和工作者特征结合在一起,如年龄、地区、工作天数、工资和其他一些信息。

以此方式收集的数据不考虑威尼托音乐组织在本地区以外的活动,但记录官方注册地在外地的组织和企业推动的在威尼托的活动。

数据库收录了2003年至少举办过一次活动的大约1 000个组织。对应了在意大利版权保护机构SIAE(Società Italiana degli Autori ed Editori,意大利作者与出版商协会)注册的威尼托大区全部活动的十分之一,根据记录,2003年有11 170项活动是在威尼托举办的(见表1)。大多数在威尼托大区运营的机构都是因为这里有大量的不同活动的供给。本数据库由于所依据的是每个机构与工作人员所订立的合同,所以不能区分每项活动是由哪个机构组织的。但是,它对深入了解威尼托音乐活动组织方式提供了有意思的和独到的视角。本分析所依据的是2003年至少在威尼托大区举办的艺术活动中演唱过一次的歌唱演员的人数,符合此要求的歌唱演员共有1 008位。

应用UCINET6软件包,通过社交网络分析技术,帮助我们展示了威尼托大区活跃的项目组织的网络结构。而且,对15家威尼托大区运营的永久性机构的深入访谈,以及对30个本地区活跃的歌唱演员的深入访谈,为我们定性观察音乐活动中演员之间的关系类型提供了支持。

4.2 描述性分析

在2003年内,并不是所有歌唱演员都为一个以上的组织工作过。只有14%的歌唱演员能归于"游走"类别。余下的86%都属于"一夫一妻制"类型,也就是说,年内他们只在一个组织登记注册(即使多次重复登记——平均为6份工作合同)(见表2)。而且,"一夫一妻制"的人员日平均收入要高于"游走"型人员,因此假设3不成立。

表 1　2003 年威尼托地区音乐活动的数量、已售门票和票房价值[a]

	活动数			门票			票房收入（欧元）		
	威尼托	意大利	%V/I	威尼托	意大利	%V/I	威尼托	意大利	%V/I
歌剧	270	3 205	8.4	456 136	1 329 914	34.3	22 314 120	70 274 078	31.8
交响音乐	2 193	16 148	13.6	337 269	2 132 930	15.8	4 330 754	31 479 161	13.8
音乐舞蹈	535	6 520	8.2	151 034	1 471 033	10.3	1 515 026	19 905 613	7.6
轻歌剧	41	520	7.9	6 347	142 698	4.4	77 380	2 665 820	2.9
流行音乐	1 341	16 701	8.0	495 103	7 111 555	7.0	7 870 434	113 814 961	6.9
爵士乐	250	5 243	4.8	52 299	590 224	8.9	490 512	8 168 556	6.0
音乐剧	112	3 664	3.1	123 343	1 488 922	8.3	4 263 468	45 359 260	9.4
其他音乐活动	6 428	39 184	16.4	112 429	946 292	11.9	1 935 868	12 158 941	15.9
总数	11 170	91 185	12.2	1 733 960	15 213 568	12.2	42 797 562	303 826 390	14.1

[a] 2001 年威尼托人口数为 4 527 694 人；意大利人口数为 56 995 744 人；威尼托占意大利人口总数的 7.9%。资料来源：意大利人口登记数据来自意大利国家统计局（ISTAT）。

注：%V/I＝%威尼托/意大利。

资料来源：根据 SIAE（2004）整理。

表2　　　　　　　　　　2003年歌唱演员分类及主要特征

	人数	年度工作时间（平均数）	日均收入（平均数）	年度合同数（平均数）
一夫一妻制	863(85.61%)	70.73	323.76	5.98
游走型	145(14.39%)	62.83	298.36	8.14
合计	1 008(100%)	69.59	320.76	6.29

资料来源：根据 ENPALS 数据库数据计算。

我们运用社交网络分析技术，对2003年威尼托大区现场音乐部门内活跃的项目组织的网络结构进行了测绘。社交网络数据分析最常见的是衡量关系，例如，微观层面的个人之间的联系，或宏观层面企业间的关系。雇员和雇主之间相关联的数据具有双重结构，因此双层次分析（或双模式分析）是必要的（在微观层面，是个人间关系；在宏观层面，是企业间关系）。

图3运用UCINET6软件包，显示了威尼托大区隶属于永久性组织的歌唱演员形成的社交网络。这是个双模式网络[博尔加蒂和埃弗雷特(Borgatti and Everett,1997)；汉尼曼和里德尔(Hanneman and Riddle,2005)]，考察哪些工作人员受到哪些企业的聘用，使我们可以推断艺术家之间的社会关系、分割及组合的基本模式（隐性网络）。艺术家和企业被作为节点，直线表示的是艺术家和企业之间的联系（艺术家和艺术家之间、企业和企业之间没有直接连线）。艺术家用圆圈表示，企业用方块表示。

图表背后的逻辑是，如果艺术家主要参加的是同样的活动（在同一家企业登记注册的），那么他们就会在图中用被放在一起的点来表示；如果企业主要雇用的是相同的歌手，那么这些企业在图中也用被放在一起的点来表示。我们采用数值分析方法去捕捉演员被企业聚集在一起的情况，因此产生了这种"聚拢"效果。为了分析双模式网络各点之间的关系，我们运用NetDraw视觉工具进行对应分析。

图3的网络结构显示出，一些企业（包括非营利组织）像大的枢纽

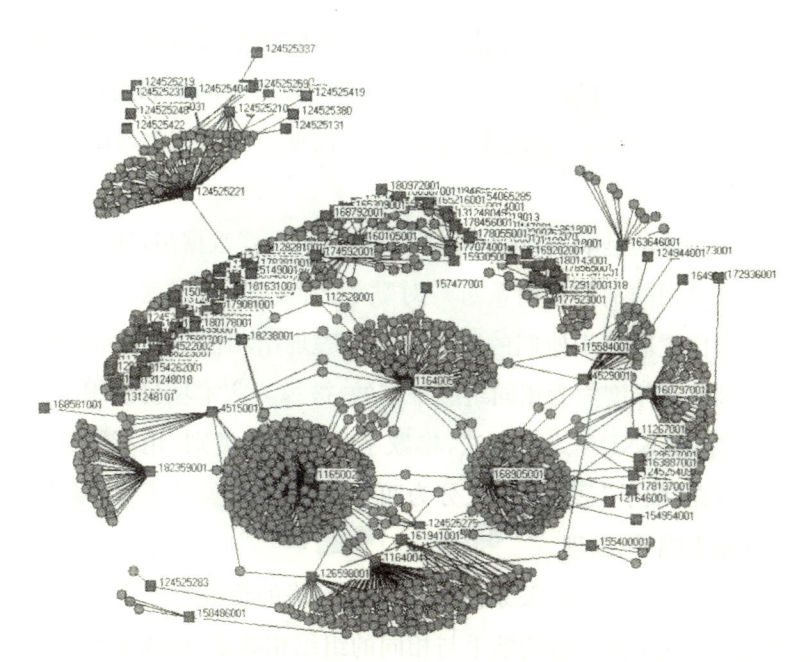

注:红点＝歌手;蓝方块＝企业。

图3 双模式网络

中心一样①,它们能够用几乎是排他性的方式吸引到许多资源。此外,一些小型协会则更倾向于与其他机构共享艺术家。尽管如此,最大型枢纽企业也会分享他们的部分资源,在年内也招聘一些受雇于其他类似机构的艺术家们。

有意思的是,威尼托现场音乐的组织结构表现出双重组织模式:第一重是明显的等级制的,第二重是社会生态学的,符合格雷伯(Grabher,2001b)所提出的观点。前者代表最大的永久性机构,后者具有较小型永久性机构的特点。较小的永久性机构难以和雇员建立长期合同关系,他们的雇员不固定在册,而且只是短时间的。因此,假设1不能得到确认。

双模式社交网络数据不记录成员(歌手)之间的直接关系,也不记

---

① 企业规模在这里是用年度雇用的人力资源数进行量化的。

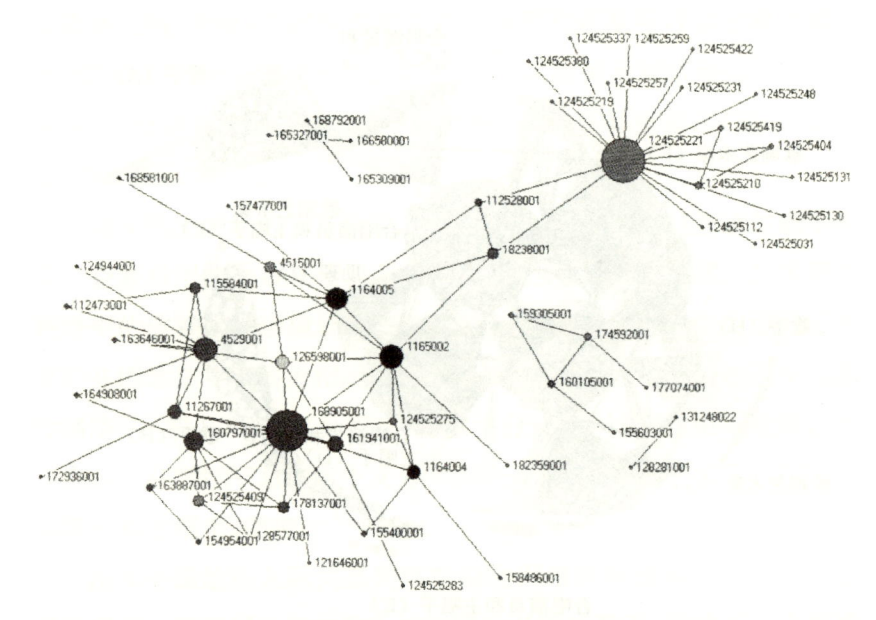

注：粉点＝致力于流行音乐的组织；黑点＝歌剧院；蓝点＝致力于交响音乐的组织。点的大小代表组织的核心程度。

图 5　组织间网络

5. 结论

  本文分析了意大利威尼托大区音乐产业中，音乐活动的组织结构。威尼托大区是意大利的一个具有悠久音乐创作历史的重要地区。我们的目标是丰富最近关于创意产业组织的讨论，特别着重于表演音乐部门和艺术活动的管理。

  在必须要进行一项活动的时候，项目组织开始出现。它如同建在永久性组织和隐性网络之间的一座桥梁。由艺术家群组形成的隐性网络，就是比如依附于 2003 年活跃在威尼托大区的永久性组织举办的各种活动的大量的网络歌手。

  社交网络工具用于分析由作者在 ENPALS 数据的基础上建立的一个独特的数据库。利用这一数据库进行的实证研究，显示了威尼托大区现场音乐组织的网络结构。同时也揭示了隐性网络和经济相关性。这种隐性网络建设的优点在于它们形成了建立在过往工作经验和专业化基础上的艺术家社区。共有知识和相互信任，增加了未来合作的效率，降低了与组织音乐活动相关的交易成本。实证结果表明，在这一领域运营的组织受益于这种隐性结构。但是，并不是所有组织都能平等利用艺术家隐性网络。一些组织（最大型的组织）更多依赖于组织的等级制模式。因此，双组织模型恰好符合需要，即部分是等级制模式（包括大部分歌手），部分是社会生态学模式。一些以知名的歌剧院为代表的大的中心，吸引了许多艺术家并与他们签署排他性合同，从而避免资源流失。相反，大量较小型的组织在招聘艺术家的时候较少签订独家合约，只建立松散的关系，这就使艺术家可以同时受雇于一个以上的组织[①]，做到这一点主要依赖于他或她在实践社区内的口口相传机制。

　　这种双重管理实践也与公共财政对艺术活动的支持有关。大型中心组织都严重依赖公共支持，以此保持与艺术家更稳定和长期的关系。小型协会或企业无法依赖公共支持，这促使他们重新回归隐性网络，而隐性网络在活动组织中起到了重要的作用。

　　本研究存在的一些局限性主要是，缺乏合作方面的纵向信息和区域背景所具有的特殊性。尽管如此，它还是提出了一个社交网络分析工具的新应用，展示了创意产业组织模型的普遍形式：项目导向的组织。我们认为，最适合的现场音乐领域项目组织的研究方法，是分析所有激励永久性组织和表演者隐性网络合作的活动。这些活动的突出特征是，它们仅仅是组织和艺术家密集网络的表面。

---

　　① 由于这些组织规模较小，如果和最大组织所拥有的力量相比，这些小规模组织招聘到的歌唱家们仍然是少数。事实上，大多数歌唱家都属于"一夫一妻制"范畴。此外，从访谈中可以发现，并不是所有为较小型组织工作的艺术家都正确地在 ENPALS 机构登记，因此"游走"型类别有可能被低估。

参考文献

Albertini, S. and Pilotti, L. (1996) *Reti de reti. Apprendimento, comunicazione e cooperazione nel Nordest*, (Padua: CEDAM).

Amabile, T. M. (1983) Social Psychology of creativity: a consensual assessment technique, *Journal of Personality and social Psychology*, 43(5), pp. 997—1013.

Amabile, T. M. (1983) *The Social Psychology of creativity* (New York: Springer-Verlag).

Amabile, T. M. (1996) *Creativity in Context: Update to the Social Psychology of Creativity* (Boulder, Co: Westview Press).

Asheim, B. T. (2002) Temporary organizations and spatial embeddedness of learning and knowledge creation, *Geografiska Annaler*, 84B(2), pp. 1—14.

Baumol, W. J. (1967) Macroeconomics of unbalanced growth: the anatomy of urban crisis, *American Economic Review*, 57(3), pp. 415—426.

Baumol, W. J. and Bowen, W. G. (1965) On the performing arts: the anatomy of their economic problems, *American Economic Review*, 55(1/2), pp. 495—502.

Baumol, W. J. and Bowen, W. G. (1966) *Performing Arts: The Economic Dilemma* (New York: The Twentieth Century Fund).

Becker, H. S. (1982) *Art Worlds* (Berkley: University of California Press).

Bell, D. (1973) *The Coming of Post-Industrial Society. A Venture in Social Forecasting* (New York: Basic Books).

Belussi, F. and Pilotti, L. (2002) Knowledge creation, learning and innovation in Italian industrial districts, *Geographiska Annales*, 84B(2), pp. 125—139.

Belussi, F. and Sedita, S. R. (2008) The management of events in the Veneto performing music cluster: bridging latent networks and permanent organizations, in: P. Cooke and L. Lazzeretti (Eds) *Creative Cities, Cultural Clusters and Local Economic Development*, pp. 237—257 (Cheltenham: Edward Elgar).

Borgatti, S. P. and Everett, M. G. (1997) Network analysis of 2-mode data, *Social Networks*, 19, pp. 243—269.

Bourdieu, P. (1985) The forms of capital, in: J. C. Richardson(Ed.) *Handbook of Theory and Research for the Sociology of Education* (Westport, CT: Greenwood Press).

Brown, J. S. and Duguid, P. (1991) Towards a unified view of working, learning, and innovation, *Organization Science*, 2(1), pp. 40—57.

Burt, R. S. (2004) Structural holes and good ideas, *American Journal of Sociology*, 110(2), pp. 349—399.

Caves, R. E. (2000) *Creative Industries* (Cambridge, MA: Harvard University Press).

Chandler, A. D. (1962) *Strategy and Structure* (Cambridge, MA: Harvard University Press).

Cohendet, P. and Simon, L. (2007) Playing across the playground: paradoxes of knowledge creation in the videogame firm, *Journal of Organizational Behavior*, 28(5), pp. 587—605.

Coleman, J. C. (1988) Social capital in the creation of human capital, *American Journal of Sociology*, 94, pp. S95—S120.

Cooke, P. and Lazzeretti, L. (Eds) (2008) *Creative Cities, Cultural Clusters and Local Economic Development* (Cheltenham: Edward Elgar).

Csikszentmihalyi, M. (1996) *Creativity: Flow and the Psychology of Discovery and Invention* (New York: Harper Collins).

Dalla Libera, F. and Palumbo, G. (1988) *Veneto in Musica* (Venice: Marsilio Editori).

DeFillippi, R. and Arthur, M. (1998) Paradox in project-based enterprise: the case of film making, *California Management Review*, 40(2), pp. 125—139.

Ekinsmyth, C. (2002) Project organization, embeddedness and risk in magazine publishing, *Regional Studies*, 36(3), pp. 229—243.

Ferriiani, S. and Cattani, G. (2007) A relational perspective on individual creative performance: social networks and cinematic achievements in the Hollywood film industry. Paper presented at the international conference "Networks of Creativity in Science and the Arts", University of Padua, 22 May.

Forbes, D. P. (1998) Measuring the unmeasurable: empirical studies of nonprofit organization effectiveness from 1977 to 1997, *Nonprofit and Voluntary Sector Quarterly*, 27(2), pp. 183—202.

Frederiksen, L. and Sideta, S. R. (2005) Embodied knowledge transfer: comparing inter-firm labor mobility in the music industry and manufacturing industries, DRUID Working Paper 2005—14.

Galbraith, J. (1977) *Organizational Design*, (Reading, MA: Addison-Wesley).

Gann, D. M. and Salter, A. J. (2000) Innovation in project-based, service-enhanced firms: the construction of complex products and systems, *Research Policy*, 29, pp. 955—972.

Goodman, R. A. and Goodman, L. P. (1976) Some management issues in temporary systems: a study of professional development and manpower—the theatre case, *Administrative Science Quarterly*, 21(3), pp. 494—501.

Grabher, G. (2001a) Locating economic action: project, networks, localities, institutions(Commentaries), *Environment and Planning* A, 33(8), pp. 1329—1334.

Grabher, G. (2001b) Ecologies of creativity: the Village, the Group, and the hierarchic organization of the British advertising industry, *Environment and Planning* A, 33(2), pp. 351—374.

Grabher, G. (2002a) Cool projects, boring institutions: temporary collaboration in social context, *Regional Studies*, 36(3), pp. 205—214.

Grabher, G. (2002b) The project ecology of advertising: tasks, talents and teams, *Regional Studies*, 36(3), pp. 245—262.

Grabher, G. (2004) Learning in projects, remembering in networks, *European Urban and Regional Studies*, 11(2), pp. 103—123.

Hanneman, R. A. and Riddle, M. (2005) *Introduction to Social Network Methods*, (Riverside: University of California) (published in digital form at http://faculty.ucr.edu~Hanneman).

Hansmann, H. (1981) Noprofit enterprise in the performing arts, *the Bell Journal of Economics*, 12(2), pp. 341—361.

Hartman, F., Ashrafi, R. and Jergas, G. (1998) Project management in the live entertainment industry: what is different? *International Journal of Project Management*, 16(5), pp. 269—281.

Haunschild, A. (2003) Managing employment relationships in flexible labour markets: the case of German repertory theatres, *Human Relations*, 56(8), pp. 899—929.

Hill, K. G. and Amabile, T. M. (1993) A social psychological perspective on creativity: intrinsic motivation and creativity in the classroom and workplace, in: S. G. Isaksen, M. C. Murdock, R. L. Firestien and D. J. Treffinger (Eds) *Understanding and Recognizing Creativity: The Emergence of a Discipline* (Norwood, NJ: Ablex).

Hirsch, N. D. M. (1931) *Genius and Creative Intelligence* (Cambridge: Sci-Art Publishers).

Hobday, M. (2000) The project-based organization: an ideal form for managing complex products and systems? *Research Policy*, 29, pp. 871—893.

Howkins, J. (2001) *The Creative Economy: How People Make Money from Ideas* (London: Penguin).

Jacobs, J. (1961) *The Death and Life of Great American Cities* (New York: Random).

Jones, C. (1996) Careers in project networks: the case of the film industry, in: B. Arthur and D. M. Rousseau(Eds) *The Boundaryless Career: A New Employment Principle for a New Organizational Era*, pp. 58—75 (New York: Oxford University Press).

Kaplan, R. S. (2001) Strategic performance measurement and management in nonprofit organizations, *Nonprofit Management & Leadership*, 11(11), pp. 353—370.

Kijkuit, B. and ven den Ende, J. (2007) The organizational life of an idea: integrating social networks, creativity and decision-making perspectives, *Journal of Management Studies*, 44(6), pp. 863—882.

Lanzara, G. F. (1993) Le organizzazioni effimere in ambient estremi: genesi e strategie d'intervento, in: G. F. Lanzara (Ed.) *Capacità negative*, pp. 143—181, (Bologna: II Mulino).

Lanzara, G. F. (1999) Between transient constructs and persistent structures: designing systems in action, *Journal of Strategic Information Systems*, 8, pp. 331—349.

Lave, J. and Wenger, E. (1991) *Situated Learning. Legitimate Peripheral Participation* (Cambridge: Cambridge University Press).

Lazzeretti, L. (2001) I Processi di distrettualizzazione culturale delle città d'arte. II cluster del restauro artistic a Firenze, *Sviluppo Locale*, VIII(18), pp. 61—85.

Lazzeretti, L. (2005) Note sul modello di distrettualizzazione culturale dei luoghi ad alta intensità, *Sviluppo Locale*, XI(26), pp. 2004—2005.

Lazzeretti, L. and Cinti, Y. (2006) Dinamiche relazionali per la governance dei cluster culturali urbani, *Finanza Marketing e Produzione*, 2, pp. 83—112.

Lorenzan, M. and Frederiksen, L. (2005) Management of projects and product experimentation: examples from the music industry, *European Management Review*, 2(3), pp. 198—211.

Lorenzan, M. and Frederiksen, L. (2008) Why do cultural industries cluster? Localization, urbanization, products and projects, in: P. Cooke and L. Lazzeretti (Eds) *Creative Cities, Cultural Clusters and Local Development* (Cheltenham: Edward Elgar).

Lundin, R. A. and Söderholm, A. (1995) A theory of the temporary organization, *Scandinavian Journal of Management*, 11(4), pp. 437—455.

Manning, S. and Sydow, J. (2007) Transforming creative potential in project networks: how TV movies are produced under network-based control, *Critical Sociology*, 33, pp. 19—42.

Maskell, P. and Lorenzen, M. (2004a) Firms & markets, Networks & clusters, traditional & creative industries. Paper for DRUID's Winter Conference, Aalborg, Denmark, January 2004.

Maskell, P. and Lorenzen, M. (2004b) The cluster as market organization, *Urban Studies*, 41(5/6), pp. 991—1009.

Moretti, A. (1995) I meccanismi cognitivi d'integrazione organizzativa, *Sviluppo & Organizzazione*, 147.

Neff, G. (2005) The changing place of cultural production: the location of social networks in a digital media industry, *The Annals of American Academy*, 597 (1), pp. 134—152.

Nelson, R. and Winter, S. (1982) *An Evolutionary Theory of Economic Change* (Cambridge, MA: Harvard University Press).

Penrose, E. T. (1995) *The Theory of the Growth of the Firm* (Oxford: Basil Blackwell) (originally published in 1959).

Perry-Smith, J. (2006) Social yet creative: the role of social relationships in facilitating individual creativity, *Academy of Management Journal*, 49(1), pp. 85—101.

Perry-Smith, J. and Shalley, C. (2003) The social side of creativity: a static and dynamic social network perspective, *Academy of Management Review*, 28 (1), pp. 89—106.

Pilotti, L. (2003) L'approccio tradizionale e i modelli alternativi, in: L. Pilotti (Ed.) *Conoscere l'arte per conoscere: marketing delle risorse culturali, identità, e creatività per la sostenibilità verso ecologie del valore* (Padova: CEDAM).

Powell, W. W. (1990) Neither market nor hierarchy: network forms of organization, *Research in Organizational Behavior*, 12, pp. 295—336.

Putman, R. D. (1993) *Making Democracy Work. Civic Transitions in Modern Italy* (Princeton, NJ: Princeton University Press).

Sacco, P. and Pedrini, S. (2003) II distretto cultrale: mito o opprtunità? Working Paper No. 05/2003, Dipartimento di Economia S. Cognetti de Martinis,

> M. 皮奥拉(M. Paiola)
> 意大利帕多瓦大学"马克·范诺"经济学系
> (Dipartimento di Scienze Economiche "Marco Fanno", Padua University, Padua, Italy)

文化事件是城市复兴的潜在动力:实证分析

[内容提要] 本文探讨的是文化生产的关系维度,特别注重于文化事件在地方背景中对网络和创意所产生的影响。三个定性的实证案例表明,在维系空间相邻型创意方面,网络是极其重要的。我们提出了三个地方文化事件模式,并根据它们对地方创意的影响加以定性评价。结论是,区域事件的价值,取决于这一具体事件的组织架构。具体来说,自下而上以网络为基础的模式,似乎能够有利于激发地方的活力和创造力,从而能充分利用本地的资源。

1. 引言[①]

近期,一股投资于文化事件的大潮显示出文化事件对经济价值创造的重要性。组织文化事件的成功经验证明,文化事件可以对地方经济有显著影响。文化事件在发展与大量经济和机构参与者的关系方面,也起到重要作用。在生产和市场资源、旅游和投资吸引力、人才和

---

① 本项研究得到了 MIUR PRIN2006-2006135741_001 "稳定与变化之间的组织结构:组织间关系及特殊的关系型投资"(Organizational Structures between Stability and Variability: Inter-organizational Relations and Specific Relational Investment)项目的部分资助。

更好的生活品质等方面的区域（全球）竞争中，这些参与者对维持地方竞争力有着不同的作用。

长期以来，许多研究都放在试图了解经济与文化之间的关系上［鲍莫尔和鲍恩（Baumol and Bowen,1966）；弗雷和波姆雷尼（Frey and Pommerehne,1989）；思罗斯比（Throsby,2001）］，但很少把精力放在发掘文化生产方面的关系上。确实很遗憾，这些研究大多没有考虑文化事件给各类参与者之间关系的产生和发展带来的影响，包括地方的和外部的、文化的和非文化的参与者。这些维度对我们认识文化事件的性质和影响都是很关键的。为了积极评估文化事件在地方创意和价值创造中的贡献，本研究提出对一些文化事件中的关系进行分析。我们重点关注整体文化项目中地方参与者的参与情况。在此，一些具有情境特征的创意发挥了重要作用，激发了嵌入地方社交体系和社交网络中的某些能力。

本文的安排如下：首先是关于地方文化和创意活动重要性方面的文献评论；其次是实证部分，报告深度定性案例分析的结果，分析的是关于三个意大利城市［布雷西亚（Brescia）、摩德纳（Modena）、特伦托（Trento）］主办的文化事件。最后是一些结论性观点和对未来研究的建议。

2. 理论框架：城市复兴过程中文化事件的价值

与第三产业活动相比，工业生产是相对下降了。在此背景下，文化和创意产业被认为是城市创造力和丰富性的来源。毛姆马斯（Mommaas,2000,2004）指出，在城市和城市经济中，创意的战略性作用在不断提高。他还特别注重分析文化集群在刺激创意发展中的作用。中小型文化企业的网络和集群强化了创意发展——比如曼彻斯特的北区（the Northern Quarter）、都柏林的圣殿酒吧（Temple Bar）、阿姆斯特丹的维特德（Witte de Withstraat）、雅典的嘎子（the Gazi）以及阿姆斯特丹的文化公园（Westergasfabriek）等［希特斯和理查兹（Hitters and Richards,2002）］。

它们运用特殊的空间逻辑，高度依赖于相互间的邻近，这样可以通过创意交流和网络构建为它们带来竞争优势，创造文化对城市的相互依存的基础［波特（Porter,1998）；斯科特（Scott,2000）］。

文化事件（作为基于网络的创意活动）的这些显著特点说明了它们对于城市复兴的重要性，以及为什么内城的市区改造区域特别地为这类空间密集产业的发展和新型合作的产生创造了机会［希特斯和理查兹（Hitters and Richards,2002）］。例如，在怀恩（Wynne,1992：19)对文化产业在城市复兴中的作用的研究中发现，新兴文化区是若干城市增长的重要动力，文化区就是"一个城市或城镇中文化和娱乐高度集中的地理区域"。

2.1 城市文化经济学中的网络和集群

如上所述，文化引导的城市复兴的努力，通常需要管理这些地区的广泛的参与主体的紧密合作，包括私营、公立和志愿等部门。这种合作发生在渗透着地方背景的关系网络中，而且在分析地方价值创造过程时，网络话语是连接城市空间和文化活动的纽带。

网络具有双重重要性：网络使得具有不同活动和不同特殊知识的地方参与主体，在参加文化项目或活动时进行互动；进一步地，网络具有架起上述地方网络和外部甚至是全球网络之间桥梁的基础性作用，否则这些网络大多遥不可及。

因此，由于文化活动是创造文化区的基础，也是城市品牌重塑推广活动成功的基础，所以文化活动推动了闲置建筑物和城市贫困区的复兴和重建，而且往往是区域复兴和城市营销战略的前沿［百格威尔（Bagwell,2008）］，文化活动还提供了达成更广泛包容性和多样化目标的潜力。这就是为什么集群被推广为振兴贫困城区的方式，不仅仅发生在美国［波特（Porter,1995）］，而且也发生在欧洲，比如英国推出的"城市增长战略"(CGS)[百格威尔(Bagwell,2008)]。

在这样的背景下,特别是文化事件作为一个有价值的工具的出现,它赋予(或增加)城市街道生命,强化城市作为社区实体和作为目的地的形象,重建公民对家乡城市的自豪感。这种效应是提升城市身份的事件而产生的主要的和可能持久的结果,它被称为"晕轮效应"(halo effect)[霍尔(Hall,1992)]、"展示效应"(showcase effect)[弗雷德莱恩和福克纳(Fredline and Faulkner,1998)]、"感觉好效应"[艾伦等(Allen et al.,2002)]等,不一而足。

2.2 城市复兴事件的作用

毫不奇怪,近期人们的注意力不断集中于支持城市文化事件发展和激励文化区及集群发展等事件的作用上[希特斯和理查兹(Hitters and Richards,2002)]。正如不同的研究所证实的那样,利用文化事件启动(文化)发展是当今相当普遍的想法。并且,城市利用大型事件作为振兴经济、创造新的基础设施、改善形象的手段,由来已久,例如举办世界交易会、世博会和体育赛事等[盖茨(Getz,1991);理查兹(Richards,2000)]。

下面一些例证可以说明这一趋势。

近来有关城市营销和旅游方面的研究指出,以事件为手段营销地方,特别是营销主要城市的情况,正在不断增长[劳(Law,1993);威特(Waitt,1999)]。例如伦敦南岸举办的"英国节"[纽曼和史密斯(Newman and Smith,2000);史密斯(Smith,2001)]、鹿特丹2001年把目标定在成为欧洲文化首都(Cultural Capital of Europe)[希特斯(Hitters,2000)],这仅仅是其中两个例子。

小型乡镇和城区也利用文化事件提升形象、刺激城市发展、吸引游客和投资,以此作为事件引领的复兴战略。例如,威尔士的海怡文学节(Hay-on-Wye Literature Festival),其巨大的成功已超出英国,证明了上述情形的存在。

导致近年来举办文化事件成为都市间竞争越来越重要的因素[1]的原因有下面几个。

首先,文化事件可以给现有固定的结构提供一个增加灵活性的手段,提供增加名胜形象价值的景观来源[理查兹和威尔逊(Richards and Wilson,2004)]。

其次,通过举办不同组合的事件,城市有可能将旅游市场分割开来,使旅游者在一段时间内反复造访。因此,城市(有时还有它们的腹地)成为一系列事件的完美舞台,这使得一些学者意识到了一个城市节日化的过程以及节日市场的产生[哈维(Harvey,1991)]。

关于文化事件的作用,还必须注意到,文化这一概念已经扩展到不仅仅包含传统高端文化活动和场所(博物馆、剧院、音乐厅),而且越来越多地包含有流行文化的内容,如流行音乐、时装和体育运动[阿帕杜莱(Appadurai,1990);科恩斯和弗洛(Kearns and Philo,1993);理查兹和威尔逊(Richards and Wilson,2004)]。特别是,后面会提及的,文化节日在使传统高端文化变得更受欢迎方面做出了贡献,创造性地将典型的学院派的文化传播形式(例如主题演讲、研讨会等)吸纳进城市新的场所,使建筑、街道、广场以及私人场所成为城市文化生活的新景观,并发现能够吸引大量观众的新的文化传播方式。

尽管文献中对文化事件给城市形象带来的影响有详尽探讨,但却鲜见有针对这些城市活动在关系层面上的研究,分析在地方环境中产生的组织间关系的形式。文献中缺乏启动和维系知识经济中创意过程的关系和网络方面的战略性知识,是显而易见的,特别是创意过程对取得常见结果所做出的多样化贡献[康姆尼安(Comunian,2007)]。

---

[1] 文化艺术经济学流派注意到文化活动价值的测量。除了博物馆及其展览——如毕尔包古根海姆(Guggenheim Bilbao)博物馆、伦敦泰特(Tate)美术馆和纽约现代艺术博物馆(MOMA)[参见普拉萨(Plaza,2006)]——这一流派还探讨了文化活动的效应。例如,沃恩(Vaughan,1977)关于爱丁堡国际节(剧院),弗雷(Frey,1986)关于萨尔茨堡节(古典音乐),奥黑根等(O'Hagan et al,1989)关于爱尔兰韦克斯福德节(歌剧)。文化事件也许对城市还有负面影响,更全面的分析见爱普和柯伦顿(Ap and Crompton,1998)。

本文下面的部分描述了意大利成功举办的一些文化事件的案例，考察除了在城市身份和城市品牌方面有意义的工作之外，这些事件是否对地方关系资本带来了更微妙的影响。下面还介绍了事件组织参与者，主要关注的是他们在地方层面创造稳定关系网络的能力以及对维持地方创意和创新所做出的贡献。

3. 实证研究：三个以事件为基础的意大利文化活动典型案例

本文研究主线是介绍和比较三个中型意大利城市文化管理的案例。运用的方法是多案例分析法［殷（Yin，1981，2003）］。

在此，我们的主要目的是提供支持研究基本思路的有价值的材料，与文化事件在创造关系方面的组织能力有关：

- 从关系的角度看现有文化活动组织的不同方法；
- 实际上，不同的组织模式意味着为地方带来不同的价值创造潜力。

在此需要对案例的选择做些说明。

我们的注意力首先集中在意大利北部中型城市主办的事件上。具体的重点是，具有有价值的文化遗产的城市，但又在意大利的文化生活中无足轻重；拥有产生有价值的地方文化产品需求的人口规模；具备可利用的地方资源去创造有价值的文化项目并位于发达（工业或农业）地区；以及一整套基础设施的正的外部性，但又面临后工业化时期再转型的困难。

根据这样的思路，我们选择了过去十年内发生的最具创新性、最成功和最有代表性的文化事件（信息取自普通的和特殊的媒体渠道）。据此选出了15个重要事件，这些事件都取得了超出本地的成功和知名度（通过查询国家媒体获得），且在意大利北部各区域也有很好的媒体曝光度。

我们联络了事件管理人之后,还根据组委会是否能参与本研究课题进行了筛选。事实上,一套复杂的互动、调研工作形成了本研究项目的基础,因为还必须通过直接观察和参与等方式对这些事件进行深入研究,所以我们还需要参加每个事件的最后两次活动。本项研究采用了不同的探索方式:半结构性访谈、参与观察、第一手和第二手来源的文献等。第一手数据是 2006 年和 2007 年期间从不同的、被确认对事件的进展有重大影响的团队收集而来。半结构性深入的面对面访谈对象包括:事件组织中的管理人员(主要是艺术总监和运营总监)、工作人员和志愿者,不同利益集团的代表和参与管理(公共机构和产业代表)相关事务的地方当局,最后是事件组织网络的主要参与者等。第二手信息来源于报告、出版物、报纸文章以及在事件展开过程中不同机构的研究成果。

本研究的一个重要部分是事件的组织部分,特别关注对关系网络的描述、对不同参与者及其具体职能的识别,并突出强调了地方和国际力量的互动。我们会找出每一个案例中参与事件组织的基本参与者,突出他们在整个项目中的作用,以及他们是如何影响参与机构间关系系统的关系结构的。我们对创意话题给予了特别关注,为了了解创意工作是怎样完成的,需要区域内不同参与者在一定程度上参与本研究。

下面的部分介绍了所选的三个案例,同时分析每一个地区创意和创新的关系型活动。在进行介绍之前,必须了解,在目前分析的第一阶段中,这里列出的一组案例并不具有统计上的代表性。虽然如此,我们还是认为,这些案例,让我们对组织结构给情境创新和地方文化活动潜在价值带来的影响,有了可贵的定性的深入理解。

4. 布雷西亚(Brescia)和自上而下启动的"钥匙在手"文化产品

布雷西亚是一个中等规模的城市(大约有 20 万居民),是伦巴第大区(意大利北部)同名省份的首府,具有很强的工业基础,但现在面临来自远东新生产者的激烈竞争。

最近,由于"布雷西亚——艺术的辉煌"(Brescia. Lo splendore dell'arte)这样一个为期四年的绘画展览而闻名遐迩。这个绘画展览在最近翻新的市民博物馆举行,展出的绘画以印象派运动为主。事件的周期是每年的11月至次年5月举办,7个月时间,是城市形象和身份重建的全球项目的一部分,得到了地方市政当局的坚决支持。这个活动吸引了大量游客,轰动一时(在2005年和2006年荣登意大利最佳展览榜首,居于诸如威尼斯、罗马、佛罗伦萨等大文化城市之前)。这一非凡成就很快使布雷西亚被列入欧洲文化城市的版图,在国际上和本地区都改变了其重工业区的形象,同时也为改变城市的身份认知做出了贡献,并使其转而加入到旅游目的地的国际竞争之列。

的确,从对展览的评论和大量旅游者到访这两个方面的积极反应来看,这样的成果的量级(和速度),都使我们认为"布雷西亚——艺术的辉煌"是一个城市营销和城市品牌建设的成功案例。但是,取得这些卓越成就的同时,通过对事件的关系结构和本案例机构参与者身份的分析,在识别其中关系、探讨这些关系对地方创意参与的影响时,发现了一些明显的缺陷。

市长保罗·科尔西尼(Paolo Corsini)也担当着市政厅艺术方面发言人的角色,是地方政治家,对布雷西亚文化复兴十分支持。在进行这项工作时,他可依赖的一个重要的地方合伙人是当地主要的地方银行基金会(Fondazione CAB),这个基金会目前的投资完全集中在文化部门了。市长保罗·科尔西尼和CAB基金会总裁因此在地方文化方面是最主要的参与者。

由于一份不同寻常长度(对意大利而言)的市政决议,市长和基金会管理层从20世纪90年代开始就发展出很深、很紧密的关系。最近他们协议成立了一个有限公司——布雷西亚博物馆(Brescia Musei),

造就了一个公私合作的范例,随后布雷西亚博物馆又转为一个基金会——布雷西亚博物馆基金会(Fondazione Brescia Musei,FBM)。

尽管双方有这样的角色,但如果没有里尼亚多波拉(Lineadombra,LO)这个在特雷维索的私人公司,"艺术的辉煌"项目也是不可能的。这家公司位于威尼托大区,不在布雷西亚区域内,它专长于艺术展览并专注在印象派运动方面[卡尔卡尼奥等(Calcagno et al.,2004)]。公司于1984年在特雷维索的科内利亚诺(Conegliano)成立,企业从一开始就表现出成功的战略管理,这要归功于其总裁马可·戈尔丁(Marco Goldin)的能力。他高度聚焦于印象派运动,能够创造出一个与重要国际博物馆(最重要的是著名的卢浮宫)和国内外私人藏家相联系的巨大的关系网,这是其业务发展的关键资源。

LO公司的成功商业模式就是基于向全球提供服务(生产"钥匙在手"展览)和严格保护关键资源。这反过来使其深度国际化:每一个为展览做准备的必要活动,都是以一种"保护性"的方式组织和生产的,尽量减少外部参与者的参与,以达到最大效率使用宝贵的内部资源,从而使其商业利益得到保护。

如图1所示,系统中关键的是FBM基金会和LO公司之间的关系。更具体地说,利用公共资源(历史建筑和公共资金)方面的战略决策由FBM基金董事会和LO公司制定。例如,在城市主要博物馆圣朱利亚博物馆(Santa Giulia Museum)举办展览的决定,就是由FBM基金会和LO公司共同做出的。但这一决定也并不是没有反对声音,因为要给绘画作品创造出空间,需要将拥有珍贵的罗马时代出土文物的博物馆的整个展厅腾空。

所有艺术和组织方面的工作则全部由LO公司掌控,它具有完全的自主权来决定项目的合作伙伴。事实上,LO公司有一系列忠实的合作伙伴参与展览的组织工作,主要来自LO公司自己的地区威尼托。布雷西亚本地以某种形式也参与展览组织的参与者和LO公司

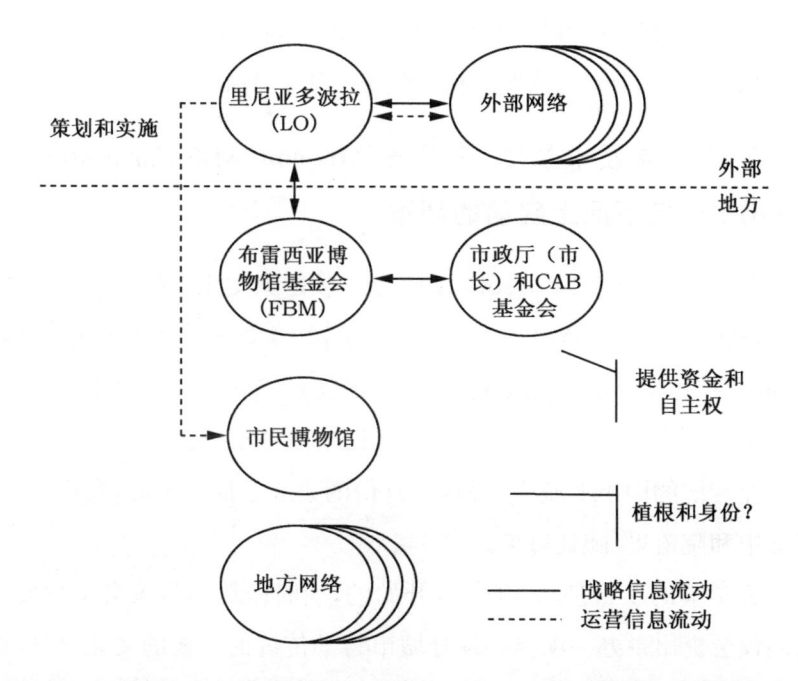

图 1 "布雷西亚——艺术的辉煌"案例中地方和外部空间自上而下的网络

之间的互动是极为有限的。因此,整个创造过程是通过戈尔丁和他的最亲近的合作者组成的一个限制组,由 LO 公司内部进行管理的。

即使是布雷西亚的主要文化机构"市民博物馆指南"(Civic Museum Direction)也缺乏自主权,它的作用受到挤压,并削减了与本地和国际艺术组织建立联系的机会。显然,这就降低了利用学习机会并保留其部分价值的可能性。

正如我们从图中所看到的,除了 FBM 基金会因为我们前面提到的原因是个例外,其他各种关系都绕过了地方参与者。由于项目策划深深依赖于一个外部参与者,而地方参与者只承担一些琐碎的操作性工作,这就提出了一个战略可持续性问题。比如,如果 LO 公司的总裁马可·戈尔丁决定将其服务卖给另一个城市怎么办?里尼亚多波拉—市长之间的联姻破裂,其后果将会很难堪,对布雷西亚而言也很遗憾，那么所有现在看到的直接和间接的收益（旅游、商业等）都会消失，除非出现一个新的领军机构替代戈尔丁的组织。

5. 摩德纳及卡尔皮、萨索洛[Modena(with Carpi and Sassuolo)]和自下而上启动的创意

哲学节(Festival Filosofia,FF)是一项国家文化事件，是以重要的哲学命题为主(每一次活动都有一个"关键"主题)，以"重建知识和社会的联系"为使命的文化项目。2001年以来，摩德纳、卡尔皮、萨索洛这三个坐落在艾米利亚—罗马格纳(Emillia-Romagna)地区、有着重要工业传统的中小型城市，每年9月份的第3个周末举办，在街道上、广场中和院落里，随处可见。

哲学节的项目是从1999年开始的，当时摩德纳省议会文化发言人向议会提出举办一项能够综合城市哲学传统的重要的文化事件，而当地圣卡罗学院基金会(Fondazione Collegio San Carlo,FSC)的活动已充分体现出这种可能性。这个想法从一开始就相当雄心勃勃又具有挑战性，其目标是要吸引省里的公共和私人部门参与到这样一个地方启动的项目中来，项目还可以将附近的卡尔皮和萨索洛两市包含在内，从而为建设文化区打下最初的基础。

哲学节的推动者包括：圣卡罗学院基金会，摩德纳储蓄银行基金会(Foundation Cassa di Rispamio Modena,FCRM)(主要的地方银行基金会)，摩德纳、卡尔皮、萨索洛市议会，以及摩德纳省、艾米利亚—罗马格纳地区。

这项活动的全球性组织工作涉及一系列地方和国际的主题、公司和机构。

圣卡罗学院基金会(FSC)是哲学节的中心。基金会在1954年成立于摩德纳，是一个与公众相关的非营利机构(受大学部管理)，从事的活动都在文化教育领域，侧重于社会、人类和宗教等学科。它的高

等研究院于1995年建立,开设一个三年的专业课程——官方承认的博士学位——具有文化科学高级研究文凭;基金会由此提高自己的声望并接触到一些文化领域内的学者、教授、研究员等(形成了重要的社会和关系资本,也是哲学节的基本资源)。

规划和组织工作由来自FSC基金会、三个市议会(主要管理后勤事务)和省的人员承担。通信和网络解决方案还有外部参与者参加。

活动的中心人物是米凯利纳·波萨利(Michelina Borsari)(哲学节的科学指导)。她与雷默·波德(Remo Bodei)(加利福尼亚大学洛杉矶分校的哲学教授)合作,进行整个文化事件的组织和科学方面的准备工作。至于哲学节活动的形式,重点在于把基本的哲学主题(如快乐、美丽等,而不是哲学史)用一种清新、跨学科、非学术的形式,通过现代化手段和通信工具呈现出来。

组织方的一个重要的决定是,尽可能多地让地方力量加入到活动中来,创造出一个地方的文化区。这样,项目设法吸收进了三市新文化工作者新的能量。整个活动的组织体系由FSC基金会进行协调,所遵循的三项基本原则是启动、授权和对外部开放。由此可见,哲学节组委会意欲成为一个创意实验室和一个需要地方参与联合生产的地方启动器,他们每15天开一次会,临近活动举办时会议更为频繁,让网络内成员们交换观点,积累反馈意见。

如图2所示,一系列关系构成了整个产品的主要部分,并充分显示出哲学节的组织方式和对地方的影响。这些关系通常都是基于项目的,对哲学节不收费,所遵循的模式是,哲学节组委会鼓励(三市)地方参与者参加,然后由私人企业和个人去完成商业化的操作。

这一方式可以从一些实例中看出,比如在组织主题艺术展览时与艺术展览馆的合作;在城市不同地方组织展览时与市内博物馆(还有图书馆以及其他一些知名的私人和公共建筑)的合作;好食自动贩卖集团(Buon Ristoro Vending Group)[大众食品自动售货市场中的领

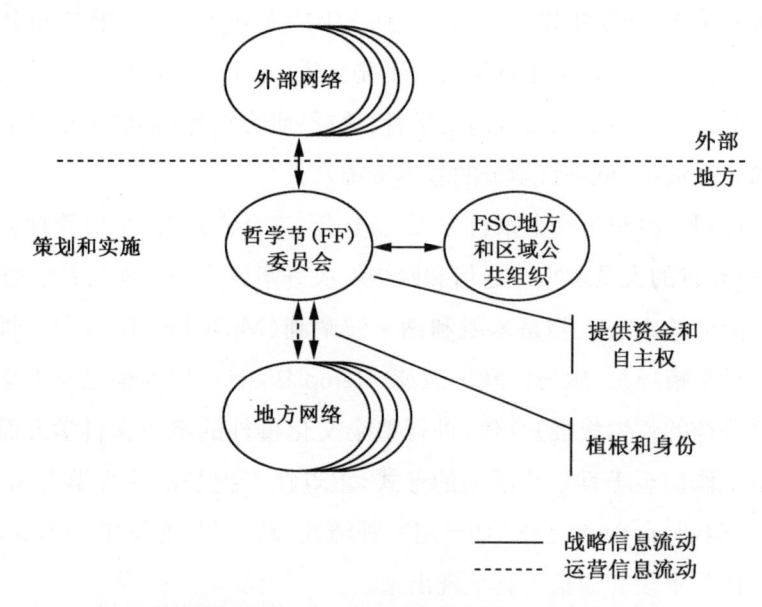

图 2　摩德纳哲学节案例中内外部空间的自下而上的网络

先企业，总部在博洛尼亚(Bologna)附近]开发了自动发售哲学节编辑的书籍的方式；地方医院参与了一项特殊的预防活动（这个活动的经历改变了医院沟通和预防工作的方式）；许多地方参与者和机构参加了分销"定食"(razion sufficient)套餐的工作，这是一种用当地优质食材做的清淡便宜的午餐；有46家当地餐馆与图里奥·格雷戈里(Tullio Gregory)大厨合作，准备了以本地产品为主的特别菜单。

　　从财务角度看，哲学节活动主要是由地方公共机构支持的；中小型企业(SMEs)和地方机构资助了一小部分。

　　三个地方组委会（每市一个组委会）在必要的技术环节帮助活动主管管理会议、讲座和展览等复杂事宜。在举办复杂活动的时候还需要一些特殊的协调工作，例如在连接三市的特别火车上举办课程会牵涉到不同参与者，包括意大利国营铁路公司(Trenitalia)及其工作人员、哲学家、助手、听众等。

　　一共有25人参加了活动的组织工作(10人在摩德纳FSC工作)。

为了让工作更有效率,组织者决定采用功能专业化方式。米凯利纳·波萨利和她最亲近的合作者掌管哲学节的总体设计和系统的衔接。工作分工是根据个人具体的能力决定的,他们拥有运营自主权,但要与主管经常保持联系。这种关系被视为工作的创新性和保持团队持续创造力(自主权与互动)的关键因素。

地方公共组织的参与是非常重要的,不仅仅是对活动的资助,而且实际上它们是出借哲学节场地的所有者,没有它们,事件的效果将会完全不同。

从地方私人部门来看,哲学节的经验证明,与地方生产者直接、具体的关系和互动,是具有活力的,而且如哲学节总指导波萨利所说,"这一活动不可思议地显露出中介组织的退化,比如工商代表"。

6. 特伦托(Trento)及分布式知识网络在启动特别节日中的应用

特伦托经济学节(Festival dell'Economia,FE)是意大利最近推出的一个大型文化事件(2006年第一次举办)。这个节日证实了自己是当年的一个重要事件,这是因为所争论和探讨的都是当今时代的源于经济学的主要问题,涵盖了我们社会和日常生活的方方面面。尽管这个节日历史不长,但因其成功而获得了极大的关注(第一次举办就有2万人参加)。经济学节为特伦托的城市价值创造提供了一个宝贵的机会,它给了人们访问特伦托的可能性。这是个位于有着浓郁艺术气息和独特天然食品(特别是葡萄酒)区域的、拥有文艺复兴时期建筑和优美环境的城市。

实际上,近年来特伦托市(大约有居民11.2万人,是同名省份的主要城市,在特伦蒂诺—上阿迪杰区)得助于宪法赋予的特殊自治权,将自己的发展模式转化到专注于知识密集型行业上来,如高等教育、科学研究等。

从关系研究的角度看,经济学节有一系列重要的关系:事件是由地方组织推动的,包括主要活动场所的出借人和重要的融资人(提供了总体预算150万欧元中的70万欧元的资金)。这些关系中省议会的作用特别重要,在事件的组织中也是如此。

推广委员会有政治活动者参加,还有市议会和大学。整个"团队"由一个产品经理、科学协调人和一个组织委员会组成。组织委员会由总部在意大利巴里(Bari)的拉泰尔扎出版社(Laterza Editore)(意大利权威的历史哲学书籍出版公司)和总部在米兰的《24小时太阳报》(Il Sole 24 ORE)[意大利主要的经济类报刊出版商,与意大利代表主要行业的领导机构工业联合会(Confindustria)有关系]组成。除了地方机构外,一个私人合伙人也提供了资助,即新近合并的银行集团意大利联合圣保罗银行(Intersa-Sanpaolo),以及一些主要的赞助商,如乐透博彩(Gioco del Lotto)和沃达丰(Vodafone)移动电话运营商。

网络中的关键人物包括了朱塞佩·拉泰尔扎(Guiseppe Laterza)、英诺森·奇波莱塔(Innocenzo Cipolletta)(二者均为组委会成员)和蒂托·博埃里(Tito Boeri)(科学指导)。

朱塞佩·拉泰尔扎(拉泰尔扎出版社文学论文部经理)是意大利许多与书籍和阅读有关的文化事件的中心人物。他希望举办一个新的经济学节日,可以复制摩德纳项目的成功经验(前已述及);为了寻找合作伙伴,他联络了时任24小时太阳报出版公司的总裁,也是当时特伦托大学的校长英诺森·奇波莱塔,这就使特伦托成为举办这次活动的理想城市。

拉泰尔扎(及其庞大的作者网络)和蒂托·博埃里之间的合作,对于活动的演讲者和授课者网络的形成,至关重要。事实上,博埃里可以带来一个由经济学家组成的巨大网络,来源于他在米兰博科尼大学(Bocconi University)任教授的工作期间积累起来的紧密关系,以及他最近运作的叫作"声音"(La Voce)的虚拟项目,这是为聚集一群经济学青年学者创办的网上经济报刊。他的这个项目的成功(大约有5万个订阅者在邮件名单中)是一个信号,表明经济学作为文化事件主题的时机已经成熟。

在地方层面,活动的组织涉及市议会和省议会,以及地方性大学。

这些机构都是推广组委会的一部分,出借了所需要的建筑和场地,并设定了吸收一系列地方参与者的战略任务:图书馆、地方民事保护部门、经营文化的地方合作社和其他一些地方企业。

朱塞佩·拉泰尔扎,系统中主要的战略制定者,认为把这样的活动真正办成是地方性事件十分重要,同时又要克服非特伦托地方特色的问题。他采取了使这一活动取得成功的战略,即通过英诺森·奇波莱塔的途径(前地方大学的校长),试图与地方合作伙伴建立起紧密的联系。

最理想的地方伙伴是特伦托自治省议会,在经济学节活动中一个非常重要的角色。特别是,洛伦佐·德莱(Lorenzo Dellai)(省议会主席)了解这一事件对特伦托市的重要性,所以除了资助以外,他还在运营方面对活动的组织工作给予了支持(拨出10位省办公室的工作人员),并且出借了所需要的部分场地(与市政厅一起)。

如图3所示,缩短了项目在别处计划与主办城市之间的距离,省议会起到了非常重要的作用,居间协调外部因素和区域内因素,而且参与活动并使这一活动成为地方标识的一部分。

创意过程是由推广委员会(不包含资助者)负责的,特别是拉泰尔扎和博埃里,还有省主席和大学的代表参加。委员会的结构不是等级制的,创意过程也非常灵活,所有的成员都参与其中,但一般来说最后的决策是由拉泰尔扎和博埃里做的。

整个活动就是通过参与组织活动的不同主体的社交网络组合完成的,这些网络有:博埃里的学术网络、拉泰尔扎的出版商和作者网络[对于接触到高层次国际学者齐格蒙特·鲍曼(Zygmunt Bauman)很

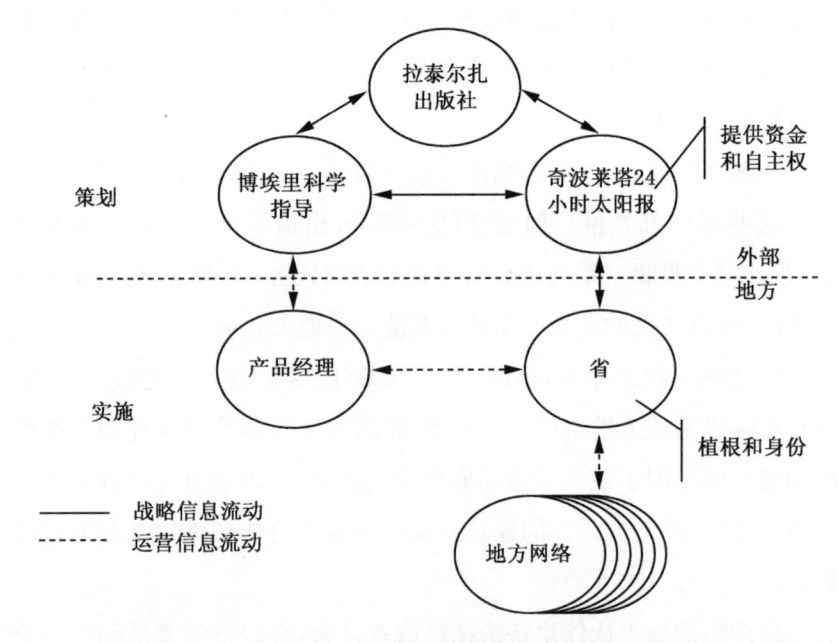

图 3　经济学节案例中地方与外部空间之间分布式特别网络

重要]、奇波莱塔和《24 小时太阳报》的新闻记者和私人企业网络。

还有一个重要关系就是活动的资助者们，有两个具有非常不同的性质和角色的主要资助者：一个是《24 小时太阳报》（及其广播分支 Radiocor），意大利的经济报刊，提供技术赞助，保证媒体对活动的报道；另一个是意大利大银行集团如联合圣保罗银行，为活动组织提供所需资金。

7. 讨论：基于事件的城市复兴中的重要参与者与产生的新面貌

本节对上述案例进行讨论是为了强调文化事件组织中主要参与者的重要性，找到每一个案例所采用方法的不同之处。下面段落论述参与者的类型特征并分析每一个参与者能够对城市复兴做出的贡献。然后是组织模型的详细对比。

7.1 文化事件项目主导的城市复兴战略中的重要参与者

在前面案例的描述中,我们强调了从地方层面到外部层面,一系列不同参与者之间所发生的若干不同的关系。基本类型如下:

- 地方艺术和文化组织(Local Artistic and Cultural Organizations,ACOs)。它们是主要致力于生产、保护和利用文化遗产的部门(公司、学院、协会、公共机构等)。地方艺术和文化组织显然在文化事件的组织中是最重要的基本参与者,是整个系统的核心要素,因为它们拥有整个活动所需要的具体艺术和文化主题方面的知识。此外,它们之间的合作在提高效率(例如通过统一程序或统一功能,将不同节点的能力捆绑在一起等)和效果(例如通过对品牌形象和关系等免费资源的综合运用)方面起到了重要作用。当然,关系的强度和重要性还取决于机构及其关系的一些特点,比如延伸范围、时间范围、参与者本地化程度、性质和机构间的相互依赖程度等。

- 地方公共机构。这一类机构对项目主导的复兴事件的贡献有不同方式,从较为简单的(并且非常频繁的)融资活动到参加设计甚至是参加文化事件的生产:至少是当文化事件牵涉到市区的时候,它们作为场地出借人的作用往往十分重要。而且,根据其配置能力的类型和关联性,它们有时可以提供宝贵的参与者网络,为扩大地方关系的启动范围做出贡献。

- 地方(和外部)产品和服务的生产者。这一类所包括的参与者属于旅游、教育和培训、制造和服务等行业。从吸引旅游者的方面看,各种关系可能会涉及的一些活动包括联合宣传活动、产品和服务捆绑,或建设综合旅游系统等。通过共同赞助倡议和促进更复杂的创新过程,区域产业和生产部门也可以有所贡献。专业化的制造和服务企业实际上是可以引导产生新的产品和服务,从而扩大或更新文化能够带来的贡献。

- 基金会和其他一些"纯粹的"金融机构。为了提供必要的金融资源去保护和利用文化遗产,融资活动至关重要。基金会近来在支持文化活动方面发挥了主要作用,这种作用在有些情况下还可能更进一步发挥。由于它们与地方和外部政界及金融机构有着很稳定的关系,所以在开发文化项目和将地方体系与更广泛的、不同的文化网络进行衔接的时候,可以结成珍贵的盟友。

● 地方人力和社会资本。文化活动成功的大部分原因是基于地方社区的参与。地方参与的重要性有两个方面:一是因为大部分工作或多或少可以用一种志愿的方式完成;二是有助于为活动创造出一种与众不同的感觉,使其成为一个不可复制的自发性的地方事件。

7.2 文化事件主导战略不同模式的比较

上述每一个案例都有自己的故事,每一个案例肯定也都可以称为地点营销战略的成功典范。然而还是需要对一些关键因素进行识别,用以论证给地方带来的潜在结果。

尽管不能将三个案例的图表进行严格比较,但它们仍可以被看成是文化事件网络管理的范例。揭示这些组织网络特点的三个模式是:自上而下(布雷西亚)、自下而上(摩德纳)和分布式特别的网络模式(特伦托)。

"布雷西亚——艺术的辉煌"可以被看成是一个"自上而下"项目的案例,一个机构(在此是布雷西亚博物馆基金会,FBM)采取干预主义的方法,利用其权力对文化活动项目做出重要决策。这一具体案例还显示出一个独立的外部机构(即 LO 公司)的关键地位。这一外部服务提供者"钥匙在手"的方式及其"等级制"管理,带来的是参与者之间低水平的互惠。尽管所举办的活动吸引到从未有过的大量文化旅游者涌入布雷西亚,取得了巨大成功(这是一个很有价值的效果),但也制造了一个脆弱的体系。项目实际上还遭遇了未曾预见的政治变化[1],而且由于没有了核心参与者 LO 公司,使情况变得更糟。这一活动并没有留下任何有价值的地方财富,既没有给地方参与者带来知识积累,也没有激发地方的商业活动(因而失去了宝贵的价值潜力)。这一模式阻碍了与地方参与者的互动交流,妨碍了这一事件达到其创造性结果的潜能,除非有地方力量(在此公共参与者应该是很重要的)承担起连接外部参与者和地方参与者的责任,使地方城市有更广泛的参与。

摩德纳哲学节的案例正好相反,通过地方社会资本和生产者的高度参与,和与国内外的外部节点的关系的大量运用,创造区域价值,是一个很好的范例。它代表了"自下而上"的模式,最终成效是一系列地方力量工作的结果。在此模式下,国内和国际因素以一种富有成效的方式组合起来。它使得启动和共同创造成为其行动模式,使文化生产民主化;改变地方协会和企业的文化内涵,通过它们的参与并围绕(年度)节日活动的主题,努力为其产品和服务打造出文化感。这里,活动维系着一个基本文化项目框架,在这个框架之中,不同参与者能够增强他们的意义构建能力,创造出许多有价值的经验,并给区域留下这种创造力带来的物质财富(2006 年有几个瓷砖艺术作品在萨索洛创作出来);整个事件的影响一直到节日结束后还在持续。

特伦托案例是第三种模式,混合有前两种模式的特点,在此我们称其为"特别"模式。尽管这一模式与自上而下的模式有许多共同点,但它表现出的是其战略更适应地方的社会和经济环境。拉泰尔扎对于"本地化"需要的焦虑,从某种程度上来说是种幸运的直觉,使得经济学节日活动有可能成为城市现象的一部分。特伦托地方协会、学校、企业、书店和非营利组织的参与,以及总体上讲十分重要的全球合作,将这个节日活动打造成一个越来越根深蒂固的组织,向城市散播

---

[1] 2008 年政治选举,市政府得到自由党背书(自由党是右翼和新北方联盟党运动组成的联盟),使得 LO 公司和 FBM 基金会之间的合作受到严重威胁。

它的有益影响。

摩德纳和特伦托两个案例,成功地创造出卡麦格尼(Camagni, 1995)所说的"共同的表达与信念",它们显示了差异化的参与者构成地方文化集群的最初阶段,将文化活动和其他功能混合在一起,比如共同努力开发创新性文化产品[希特斯和理查兹[(Hitters and Richards,2002:245)]。特别是,摩德纳的不干预方式带来自发性的创新活动,并且是情境中的创新。形成对比的是,在布雷西亚案例中,高度控制所需要的恰恰不是开放激励创新。

8. 结论

本文的目的是从关系的角度分析区域,将它们视为关系空间。实际上,事实证明,当它们是一个密集的富有成效的关系剧场的时候,它们可以是有极高潜力的创意环境。从这个意义上讲,关系的密集度和质量说明了(实际的和可能的)区域的价值。我们分析了三个中等规模的意大利周边城镇。第一次运用实证证据区分出三种模式:自上而下、自下而上和特别的分布式网络模式。在文化事件价值的利用方面,这些模式显示出不同的潜力。具体来说,地方组织的活动看起来是有显著差别的,这是由于地方活动的启动过程和基础具有各自的特殊性。对于地方活动启动过程的可持续性来说,最有价值的莫过于地方资源的创造(以网络为基础),它具有推进效应。以地方关系为基础的事件,可以对地方参与者产生战略性影响,提高他们的知名度和签约能力。此外,地方关系网络结构可以强化凝聚力和创造出稳定的学习路径。

本研究显示,经济发展活动带来超越单个企业或组织的经济利益,也与文化活动所带来的环境有关。

文化事件的管理常常是建立在地方企业家作用的基础之上的,受到发展整个社区目标的激励,这些地方企业家充当了社区企业家的角色［约翰尼松和尼尔森（Johannisson and Nilsson,1989）；克罗米等（Cromie et al. ,1993）］，或是牵头人——社会企业家的角色［贝利尼（Bellini,2000）］。他们一般嵌入在扩展的网络之中，起到组织间桥梁和知识网络中把关人的作用［因德尔戈德（Indergaard,1996）；马莱茨基和托特利（Malecki and Tootle,1997）；哈金斯（Huggins,2000）］。这些地方牵头人获取外部信息并主要传送给其他人，解释跨学科专业用语和组织文化［法莱默（Falemo,1980）；麦克唐纳和威廉姆斯（Macdonald and Williams,1994）］。

地方决策人也扮演了"政治企业家"的角色，鼓励企业，监督交流与合作［洛伦兹（Lorenz,1992）］。

这两类协调人激发了地方参与者之间的联系（商业企业、政治机构、金融资助者等），推动了"社区精神"的创建，这一点对于促进和保持地方发展十分重要［马莱茨基和托特利（Malecki and Tootle,1997）］。

取决于所采用的模式，文化事件可以成为区域复兴战略的一个重要部分。

自下而上的模式（摩德纳案例），在刺激地方文化生产方面，是最好的模式，因为它恰好适应了将文化事件打造成共享产品的需要。

分布式特别网络模式表明，如果具体的地方启动战略能够付诸行动，运用不同方法也可以获得有价值的地方效应。

本研究的局限在于用定性分析方法仅分析了三个案例。留下了未来分析研究的空间，即主要运用定量分析方法去分析活动实现过程中参与者之间的关系，例如运用社交网络分析工具。

参考文献

Allen, J. , O'Toole, W. , McDonnell, I. and Harris, R. （2002） *Festival and Special Event Management*（London：Wiley）.

Ap, J. and Crompton, J. L. (1998) Developing and testing a tourism impact scale, *Journal of Travel Research*, 37, pp. 120—130.

Appadurai, A. (1990) Disjuncture and Difference in the Global Cultural Economy, in: M. Featherstone (Ed.) *Global Culture: Nationalism, Globalization and Modernity*, pp. 297—311 (London: Sage).

Bagwell, S. (2008) Creative clusters and city growth, *Creative Industries Journal*, 1(1), pp. 31—46.

Baumol, W. J. and Bowen, W. G. (1966) *Performing Arts. The Economic Dilemma* (Cambridge, MA: MIT Press).

Bellini, N. (2000) Planning the learning region: the Italian approach, in: F. Boekema, K. Morgan, S. Bakkers and R. Rutten (Eds) *Knowledge, Innovation and Economic Growth: The theory and Practice of Learning Regions* (Cheltenham: Edward Elgar).

Calcagno, M., Faccipieri, R. and Rocco, E. (2004) New trends in cultural markets. The process of value creation in the Linea d'Ombra caoe study, Paper presented at the 2nd EIASM Workshop on Managing Cultural Organizations, Bologna, December 2004.

Camagni, R. (1995) The concept of innovative milieu and its relevance for public policies, *Papers in Regional Science*, 74, pp. 317—340.

Comunian, R. (2007) Mapping and understanding the role of networks in the creative economy: some evidences from north-east of England, Paper presented at the conference "Networks of Creativity in Science and Arts", Padua, 21—22 May.

Cromie, S., Birley, S. and Callaghan, I. (1993) Community brokers: their role in the formation and development of business ventures, *Entrepreneurship and Regional Development*, 5, pp. 247—264.

Falemo, B. (1989) The firm's external persons: entrepreneurs or network actors? *Entrepreneurship and Regional Development*, 1, pp. 167—177.

Fredline, E. and Faulkner, B. (1998) Resident reactions to a major tourist event: the Gold Coast Indy Car Race, *Festival Management and Event Tourism*, 5

(4),pp. 185—205.

Frey, B. S. (1986) The Salzburg Festival-from the economic point of view, *Journal of Cultural Economics*, 10, pp. 27—44.

Frey, B. S. and Pommerehne, W. W. (1989) Muses and Markets: Exploration in the Economics of Arts(Oxford and New York: Blackwell).

Getz, D. (1991) Festivals, Special Events and Tourism(New York: Van Nostrand Reinhold).

Hall, C. M. (1992) Hallmark Tourist Events(London: Bellhaven Press).

Harvey, D. (1991) The urban face of capitalism, in: J. F. Hunt(Ed.) Our Changing Cities, pp. 50—66(Baltimore: Johns Hopkins University Press).

Hitters, E. (2000) The social and political construction of an European cultural capital: Rotterdam 2001, *International Journal of Cultural Policy*, 6, pp. 183—200.

Hitters, E. and Richards, G. (2002) Cultural quarters to leisure zones: the role of partnership in developing the cultural industries, *Creativity and Innovation Management*, 11, pp. 234—247.

Huggins, R. (2000) *The Business of Networks: Inter-firm Interaction, Institutional Policy and the TEC Experiment*(Aldershot: Ashgate).

Indergaard, M. (1996) Making networks, remaking the city, *Economic Development Quarterly*, 10, pp. 172—187.

Johannisson, B. and Nilson, A. (1989) Community entrepreneurs: networking for local development, *Entrepreneurship and Regional Development*, 1, pp. 3—19.

Kearns, G. and Philo, C. (Eds) (1993) *Selling Places: The City as Cultural Capital, Past and Present*(Oxford: Pergamon Press).

Law, C. (1993) *Urban Tourism: Attracting Visitors to Major Cities*(London: Mansell).

Lorenz, E. H. (1992) Trust, community and cooperation: toward a theory of industrial districts, in: M. Storper and A. J. Scott(Eds) *Pathways to Industriali-*

巴斯蒂安·兰格（Bastian Lange）

德国莱比锡莱布尼茨区域地理研究院

(Leibniz-Institute for Regional Geography, Leipzig, Germany)

德国柏林格奥尔格·齐美尔都市研究中心

(Georg-Simmel Center for Metropolitan Studies, Berlin, Germany)

阿瑞斯·卡兰戴兹（Ares Kalandides）

德国柏林格奥尔格·齐美尔都市研究中心

(Georg-Simmel Center for Metropolitan Studies, Berlin, Germany)

希腊雅典技术大学

(National Technical University of Athens, Athens, Greece)

比吉特·司多巴（Birgit Stöber）

德国柏林格奥尔格·齐美尔都市研究中心

(Georg-Simmel Center for Metropolitan Studies, Berlin, Germany)

丹麦哥本哈根商学院

(Copenhagen Business School, Copenhagen, Denmark)

H. A. 米戈（H. A. Mieg）

德国柏林格奥尔格·齐美尔都市研究中心

(Georg-Simmel Center for Metropolitan Studies, Berlin, Germany)

德国柏林洪堡大学

(Humboldt-University, Berlin, Germany)

柏林的创意产业：创意治理？

[内容提要] 本文目的是通过柏林案例，探讨创意治理的问题。柏林的创意产业发展十分迅速，已成为城市发展政策和地点营销的目

标。核心问题是:什么是柏林创意的空间组织动力,它们是否可以通过公共治理进行引导?本文的出发点是德菲利普(DeFillippi)、格雷伯(Grabher)和琼斯(Jones)2007年提出的"创意悖论",指的是与创意研究中的认识论相关的组织困境。我们的研究,参考和运用了现有的各类数据库以及近期关于柏林创意产业的研究文献,特别是柏林参议院关于创意产业对经济的贡献的评估。我们将要展示的是,柏林创意和创意产业自组织进而自治的潜力。这一潜力与利用柏林特有的城市结构的实践社区活动相关。"创意悖论"在柏林创意产业案例中已十分明显,例如,一方面是创意生产的自主性,另一方面是专业化的必要性,二者之间存在着矛盾。柏林大部分创意产业是由地方实践社区组成的,而实践社区既是质量评估群体,也是创意和创新的推动力。

1. 引言

过去的几年,国际上关于城市发展的讨论都被一种充满想象的、自我预期的所谓创意城市的研究所主导[兰德里(Landry,1996);赫尔布莱希特(Helbrecht,1998);佛罗里达(Florida,2002b,2005);霍斯佩斯(Hospers,2003);斯科特(Scott,2006a)]。创意城市几乎从未被质疑过,它被看成是所有城市问题的解决方案:经济停滞、城市缩小、社会隔离、技术老化、全球竞争等。创意城市是未来城市发展的参考模型[杰索普(Jessop,1998);德雷克(Drake,2003)]。

推广创意城市,或多或少,是建立在一个明显的假设上的,那就是在一个城市内,创意是可以在某种程度上得到培育、带动和治理的。为了通过柏林案例对这一假设进行探讨,我们用创意悖论作为参考对照。我们的重点在创意产业,因为它们被看成是创意城市的社会经济基础——不仅仅是在柏林。

利用柏林做参考例证是要说明,"城市规划"和创意产业的逻辑不同。本文的核心问题是:什么是柏林创意的空间组织动力?它们可以被公共管理部门操纵吗？我们并不是评估城市规划努力的成败，而是质疑成为其理论基础的假设。我们用悖论这一概念作参考，论证在劳动力和城市生产形态转化的背景下，该如何理解创意产业。这些悖论只是"不确定性"的另一种表达方式，是当今总体经济，特别是创意产业的特征［卡福斯（Caves，2000）］。

德菲利普等人（DeFillippi et al.，2007）指出了四个主要的悖论，这些悖论在工作实践的相互联系上起着重要作用，也解释了创意产业的性质。我们在本文中应用这些悖论，是为了更好地理解创意产业的新颖性及其置于城市背景下的方式。(1)"全球化悖论"针对的是全球化对发达工业化国家劳动力的影响；(2)"身份悖论"强调的是个人的还是集体的事业、身份和声誉的矛盾；(3)"差异悖论"是关于定制的或标准化的组织实践之间的两难状况；(4)"距离悖论"指的是创意和常态化工作之间的挂钩或脱钩。

"全球化悖论"认为，所有的国家都被推向一种全球运行的新自由主义状态［泰伦（Thelen，2003）］。"全球化悖论"，重点关注创意城市和创意者的地域维度，提出了新兴创意环境和地域实践之间的矛盾，一方面是带有明显地域特色的专业实践，一方面又要获得进入和出现在国际市场的需要［张（Zhang，2004）］。

第二个悖论是"身份悖论"，针对的是个人事业、身份和声誉与集体事业、身份和声誉之间的矛盾。从分析的角度看，静态的企业家概念并不是很有意义，因为标新立异者、门外汉和独立艺术家们是这个市场的主角［德菲利普等（DeFillippi et al.，2007）］。科斯马拉（Kosmala，2007）指出，了解艺术工作的性质和创意产业中的创意者，是与对个性、身份及社会地位的不同理解交织在一起的。

第三个悖论是"差异悖论"，是关于是否定制或标准化组织实践的。例如，思维耶诺娃等（Svejenova et al.，2007）对西班牙著名厨师阿德里亚（Adrià）作为一个"机构创业者"进行了研究。他们阐述了阿德里亚是怎样融合自相矛盾的需求,成为并作为一个世界知名的和商业上成功的高级美食艺术家的。特别是,他把创意活动和日常餐厅里的活动区分开来,一年有六个月的时间离开餐厅,在一个实验室一样的环境中进行试验。

最后一个悖论是"距离悖论",它强调,比如主要的音乐公司和独立音乐人,如何划分和维护各自的势力范围。他们接受距离的方式是,通过边界人和制度架构促使每一个其他领域的合作者互不干涉并维护各自的独特能力。因此,唱片公司是通过距离悖论来谈论他们之间的相互依存——划分和保持自己独特的能力。用这样的方式,他们在参与联盟的同时,又根据自身的特殊需要从事自己独特的业务[甘德等(Gander et al.,2007)]。

柏林,如世界许多城市一样,试图培育创意产业。但新近形成的融合新的逻辑和"组合规则"的市场,却很少得到政府的认可。所以,如果要通过官方的眼睛看柏林的创意产业,那么许多潜在的创意悖论就会捕捉不到(见附录)。官方谈论到和关注到的反而是一些经济部门和在城市里可能出现的集聚。为了说明这一点,我们参考了最近来自于柏林的一份研究报告,使我们了解到常用的分析工具(比如,职业岗位统计、国内生产总值等)存在空白——这里是指创意领域空间集群测绘——研究报告还据此给出了战略指引和建议。艾伯特和昆兹曼(Ebert and Kunzmann,2007)在他们对柏林创意产业的评估中,定义了7种"创意空间"。

艾伯特和昆兹曼的研究是基于他们给柏林参议院的报告而成的,反映了城市行政当局为创意和创意产业进行规划的努力。尽管创意空间测绘工作本身可能是相当精确的,然而我们在此质疑,所得到的信息是否有助于了解创意产业背后的驱动力量。这里需要指出三个方面的缺陷。

第一,这类测绘几乎不能给出关于创意产业的动态信息。第二,规划方法忽略了创意产业的"关系特征"。第三,不能解决治理问题。

实际上,目前还没有合适的计划工具去实施报告中所提出的措施,除此之外,还有几个相关的治理问题没有解决。在这一点上,前面介绍的创意悖论也许有助于不同治理方法的实施。我们认为,治理主要是以涵盖微观层面和宏观层面的社会结构为中心,从微型企业一直到创意城市,在带有鲜明"工作热情"[斯科特(Scott,2006b:2)]的个人创意成就和"项目生态"[格雷伯(Grabher,2001)]及"创意环境"[卡麦格尼(Camagni,1991)]之间建立平衡。

本文的核心问题是:什么是柏林创意的空间组织动力?它们是否可以被公共管理层所操纵?在介绍创意悖论和柏林案例之后,本文首先将讨论概念性问题:定义创意产业(第2.1节)和创意产业治理方面的争论(第2.2节)。然后,我们将在下列部分分析和讨论柏林的案例:

- 从宏观角度看,柏林是怎样"被创造"成一个创意城市的(第3节);
- 从宏观到微观:地点的治理(第4节);
- 创意产业动态:文化企业家(culturepreneurs)的自治;
- 创意产业的关系特点:职业化(第6节)。

讨论还会再回到创意悖论,并强调我们观察到的柏林创意产业的动态模型。

2. 概念:创意产业、治理

2.1 定义创意产业

2.1.1 常见的创意产业定义

柏林市政当局将创意产业定义为利润导向的部门,包括所有企业、企业家和个体经营者对利润导向的文化产品和符号产品(symbolic goods)的生产、营销、经销和交易[参议院(Senatsverwaltung,

2005)]。这样,公共财政支持的文化机构的商业部门,比如博物馆内的商店,也成为创意经济商业部门的一部分。按这一理解,创意产业包括广告、建筑、艺术市场和设计、影视、软件和通信、音乐、表演艺术和图书出版市场。

2005年,创意企业大约有22 600家,主要是中小企业(SMEs),总收入超过186亿欧元[参议院(Senatsverwaltung,2005)]。这意味着柏林创意产业的产值占柏林国内生产总值的20%。在柏林创意经济各分支市场的就业者中,超过8%的雇员需要缴纳国民保险(不包括自由职业者和独立承包商)。创意产业就业者大约有16.7万人——包括自由职业者和独立承包商,可见柏林的就业市场与创意产业息息相关。过去的两年内,需要缴纳社会保险的就业者人数在下降,而自由职业者和个体经营者的人数明显增加,达到创意经济就业潜能的39%。

2.1.2 用另一种方式定义创意产业

创意产业不能仅仅被定义为分支部门,如设计、建筑、音乐、时装等,而且要定义为独特的"交易符号产品的市场"。保罗·赫希(Paul Hirsch)是首先引入这一概念的。他将创意产业定义为"为公众消费者生产非物质的文化产品,这些产品一般会为消费者带来审美或表达的功能,而不具有明确的实用性功能"[赫希(Hirsch,1972:641)]。类似地,德菲利普等给出的定义是,"文化经济"是"核心价值创造为符号和审美的经济活动"[德菲利普等(DeFillippi et al.,2007:512)]。

交易符号产品,不仅是强调这类市场上新的产品吸引了极大的注意力,而且是这类市场极高的知名度远远超越了其经济潜力。"符号产品的市场交易"指的是生产和交换与文化符号相关的价值,是从微观和宏观层面定义符号产品的认同性社会文化过程。

2.2 用创意城市政策治理城市——配套还是不配套?

用概念化的方式理解,治理就是一个由个人、公共部门和商业部门针对公共产品采取的集体行动,公共产品包括与空间相关的资源、此不胜欣慰。公共管理部门收集的全面数据和应用展示为获得这一至高的荣誉铺平了道路。

从制度上看,柏林参议院的项目未来(Projekt Zukunft,www.de.projektzukunft)和自组织网络"创意柏林"(CREATE BERLIN)是城市文化格局中的重要元素。项目未来自称是"政策和管理之间的一环",致力于优化对城市信息技术、通信和文化经济的框架需求。而由柏林设计师(Berlin Designers)发起的"创意柏林"为自己制定的任务,是在全球范围内推动"柏林设计创意多样化"。在后面5.1中,在我们讨论自治时还会再回到"创意柏林"的话题。

4. 空间性——地点治理(Governance of Place)

在创意产业的案例中,治理方法需要定义空间概念,超越了市政管理层一般所理解的含义。创意生产不仅发生在一个特定的地点,而且其生产者还构成空间,即通过不同形式的社交互动,也称为创意生产本构(constitutive of creative production),来构建空间。根据想要了解的内容(以及部分地取决于学科重点),我们可以判断,理解创意产业的空间性至少有三种方式:第一,城市中心区是城市空间范围内生产创意的场所(即市区作为场所);第二,创意生产者通过他们自己的交流活动构成空间(创意空间构建);第三,生产和营销创意地点(地点作为产品)。

4.1 城市中心区作为场所

在城市经济集群的形成中,地域特别相近的作用和由此带来的协同效应,是一个长期科学辩论的主题〔阿敏(Amin,2004);哈吉米哈利斯(Hadjimichalis,2006)〕。阿敏和斯里夫特(Amin and Thrift)质疑这一观点在事实上的正确性,在他们看来,这种观点把城市看成是"孤立的场所"而没有考虑信息、资本和人的全球流动〔阿敏和斯里夫特(Amin and Thrift,2002)〕。他们提出,城市怎么可能被看成是独立于它们作为国际航线交叉点作用的实体呢？任何地方不都是相互依存的［梅西（Massey，2004）］吗？越洋商务关系有时不是比近邻更重要吗？对空间的这样的理解，解决了全球化悖论，因为它将地方和全球概念视为相互构建的，而不是矛盾的。

相邻本身永远不足以解释地点的重要性。但是柏林的创意产业有其特殊性，也许能够表明地点和相邻都重要［兰格（Lange，2007）］。我们认为，至少有三点是包含在"文化企业家"这种特殊经济形式中的：规模、时空杂合、非正式的经济交换。从规模来讲，在德国创意产业工作的人中，有35%是所谓的微型企业家［厄特尔（Ertel，2006）］。这些微型企业家十分依赖于环境特定知识（milieu-specific knowledge），这些知识是通过特别的时空杂合提供的，佛罗里达（Florida，2002a）称之为"第三场地"。半公共场所（咖啡厅、俱乐部、画廊等）成为信息交换的特有空间，这里的信息交换有可能得到新的工作机会、参加项目或获取金融资源。这种知识交换非常重要，因为微型企业的存在依赖于"非正规"经济形式［哈吉米哈利斯和韦厄（Hadjimichalis and Vaiou，1990）；韦厄（Vaiou，1997）］：交换服务而不是支付、冒充自谋职业而不是稳定就业、未申报的家庭工作等。身份悖论（个性化和静态企业家之间）和差异悖论（创新和标准化之间）对这一社区模糊性的描述是很贴切的。

4.2 创意空间构造

斗转星移，空间概念再次进入学术思想领域，我们看到了对这一概念重新进行定义的一些努力。一个再定义的空间概念是"相对的和有关系的"，这就使我们可以从不同的角度看待地点，看待这些地点的构成方式和竞争方式，它们之间的相互关联以及从许多方面对构成它们自己的相同的力量带来的影响。

关于创意参与者构造空间（和地点意象）的方式，我们可以从一些诸如有关公——私划分［巴尔德（Bahrdt，1961/2006）］或是有关中产阶式、更灵活的组织形式,非常像新治理模型中的参与者——而且也强调了包括"公司"和"机构"。第二,"创意柏林"把自己的作用定义为柏林的"国家"和"国际"的推销员,推销柏林的"经济潜力"和"声誉"——这两个方面都直接与地点营销的思路相关,可见它期望成为治理结构中的主要力量。最后一点,它承认地点制造是"能量"和人们的行动带来的。"创意柏林"的诞生可以看成是设计界对他们被排斥于传统国家管制形式的权力之外的一个反应。它是上述自治形式中的一种,确保初期的、小型的和边缘的商业活动得到认真对待,将它们视为经济发展和城市营销政策的平等的参与者。自治的形式最终是如何重绘城市空间版图的,可在图 1 中明显看出。

图 1 是对在官方网站 www.Creative-City-Berlin.de(2008 年 2 月 15 日查询)登记的现有创意企业的图绘。企业自己决定是否在网上登记。2008 年 2 月,上述网站列有 461 个地址,仅占柏林创意产业总体的很小一部分。这个名单中以设计部门的企业为主(13.1%)。此外,还有许多地址来自于广告部门(11.2%)。当我们比较附录和图 1 时可以看出,"好的地址"(附录中第 5 类集群)漏掉了,成熟的媒体和影视制作(附录中第 6 类集群)也是如此。广告企业在名单中出现,明显是出于他们"固有的"职业兴趣;设计部门强大的存在可能也是因为"创意柏林"的工作使然。因此,"游戏规则"(即谁出现在名单中)似乎是由创意产业确定的,而不是柏林行政当局。

5.2 新的创意企业家及其基于网络的项目生态

这些新职业形成的网络"创意柏林"显示,柏林创意产业中一些独特领域意外地脱颖而出——至少从政府的角度看是这样。这给了我们机会去考察其兴起的性质。因为州政府或公共管理部门自上而下的支持项目在 2000 年以前是不存在的,2000 年至 2005 年之间也很少,只有从 2005 年以后才开始出现,所以,大多事实存在的微型创业行业是在没有外部支持的情况下产生的。在这种模糊不清的情形下,

柏林"创意产业"位置图——部门

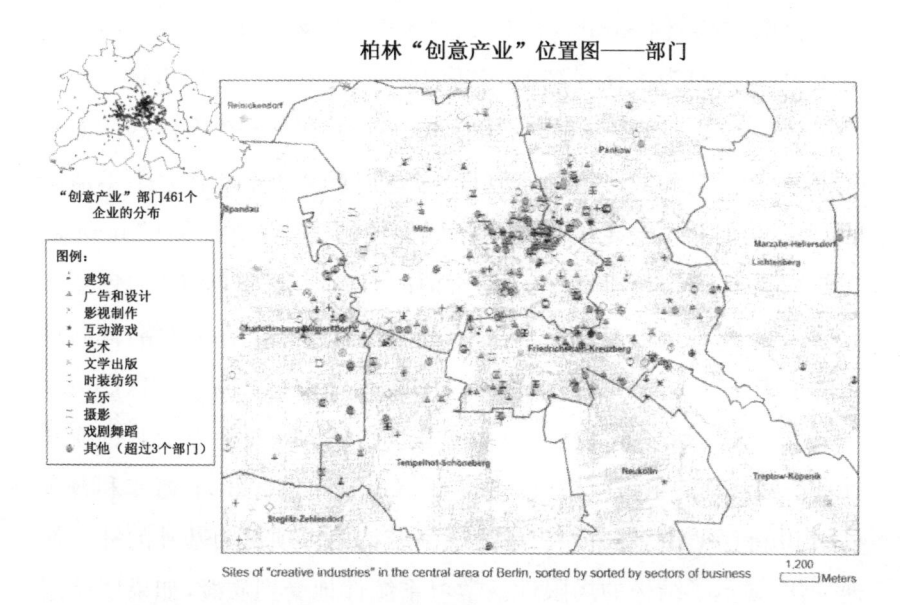

"创意产业"部门461个企业的分布

图例：
- 建筑
- 广告和设计
- 影视制作
- 互动游戏
- 艺术
- 文学出版
- 时装纺织
- 音乐
- 摄影
- 戏剧舞蹈
- 其他（超过3个部门）

Sites of "creative industries" in the central area of Berlin, sorted by sorted by sectors of business

注：根据官方网站企业自报信息绘制。

资料来源：www.Creative-City-Berlin.de。

图1　柏林创意产业的位置

有了新发明的流行词"新企业家精神"。这个词隐含了个性化的营销策略、自我推广和社会困难的意思，同时也暗指文化生产领域内许多年轻企业家们熟练转换于领取失业救济、做临时工、自谋职业和新的临时性网络结盟之间的情况。激烈进行的文化产品行业多重、持续转换交易的结构意味着，很多劳动力陷入了一个相互依存的网络和社会协调的职业道路［斯科特(Scott,2006b:13)］。直至近期，这种新的工作风气被冠名以著名的具有讽刺意味的"数字波西米亚人"(digital bohème)［弗里博和洛博(Friebe and Lobo,2006)］。

近来大量涌现的创意主体都是建立在自发性的非正式社交联系和网络联盟基础上的，它们促进了新的创意环境的出现。临时性项目组织的新实践活动，与交换经验、知识和专业技能的新的社交地点的生产交织在一起。从20世纪90年代中期开始，新形式的以项目为基础的合作［格雷伯(Grabher,2002a,2006)］以及特殊的空间实践被创造出来,目的是为了在经济上、文化上和社会上维护目标市场。特别是在艰难的转型背景下,如柏林后统一时期,非常缺乏有经验的专业人士、应用工具和战略指导。但是,这些创意主体不断在一个不清晰的、无结构的和不稳定的市场中拓展他们的工作［托马斯(Thomas,1997);怀特(White,2002)］。在所谓的有着所有的"悖论"的创意产业的框架内,他们被迫合作、互动以及与其他创意者结成网络,同时还会面临失去他们初始创新财富的风险。格诺特·格雷伯(Gernot Grabher)关注到这些行业内新兴的基于网络的项目生态及其创业和社会空间活动的组织内构成［格雷伯(Grabher,2002b);德菲利普等(DeFillippi,et al.,2007)］。灵活网络结构内以项目为基础的社群快速变化,显示了结构的局限性。学习系统性地受到质疑,如果团队组成仅仅是短期的,那么团队成员就很少有机会学习被认为是"传统的"长期的学习文化［卡梅伦和奎恩(Cameron and Quinn,1988:8);格雷伯(Grabher,2004)］。

6. 职业化——职业的自律

在柏林,创意产业通常是以实践社区为基础的［雷夫(Lave,1991)］,即专业人员组成的团体或网络,他们合作、交换观点和想法、相互提供专业趋势信息,以及政治及现实问题方面的信息。这些实践创意社区是由职业化推动形成的,原因很简单,那就是他们在经济上要能够生存。因此,职业化成为一个限制相互关系的约束条件,也能特别地限制到创意。

6.1 职业化

职业化可以分为狭义职业化和广义职业化［米戈(Mieg,2008)］。狭义职业化是指一个工作转化成一个职业,是在确定和控制成员工作标准方面有一定自主权的工作。广义职业化是指根据必须遵守的质量标准转为有酬工作。从这个广义的角度看,人和活动都可以职业化,获得职业素养。

职业化,是20世纪初期发展起来的英美职业社会学的一个主要课题。长期以来,相关研究都集中在医学和法律专业,而且重点在试图定义职业与工作的不同。现在看来这一方法成效不大。迟至弗莱德森(Freidson,2001)的研究开始,职业社会学研究才转向对职业素质概念和现象的研究。弗莱德森认为,职业素质是除了市场逻辑和计划或官僚管理逻辑之外的第三种逻辑,即工作的组织逻辑。与市场和计划不同,职业素质意味着专家的自组织和自律。

6.2 职业化和创意产业

创意悖论[德菲利普等(DeFillippi et al.,2007)],也是可以从职业化研究的角度重新考虑的。所谓差异悖论的"定制的或标准化的政策"与两个职业能力来源有关:一个是个人的技能和能力,另一个是个人的能力要通过专业社区进行积累并得到评估。距离悖论的"是否与常规工作挂钩或脱钩"也是指职业化研究中的一个常见现象:私人生活和职业挂钩——就是简单地为热爱的职业工作。最好的例子就是医生的家庭。全球化悖论的"是否调和或分离国内和全球活动"和身份悖论的"创造个人或集体的身份、声誉和职业道路",可以看成是对于事实的一种表达,即专业人士个人都是一个潜在的全球职业的成员。类似地,专业知识也是趋于全球分享的。

创意产业中,职业化可以有以下几个功能[兰格和米戈(Lange and Mieg,2008)]:控制功能、评估功能和专家功能。职业化工作与生俱来的控制功能是目前职业社会学所讨论的主要话题[弗莱德森(Freidson,2001);易凡特(Evetts,2003)]。职业化活动,总体上取决于专业人士的自我控制。在专业工作中,其他常见的组织和制度控制都让位于自我控制。专业人员的自我控制在组织中也起作用:新式人力资源管理甚至假设所雇用的专业人士都是能自我控制的。在此,组织控制成为一种"远距离的控制"[福尼尔(Fournier,1999:280)],即内化的自我控制。

第二个功能,评估功能,与第一个功能紧密相连。如果现在有一个经久不衰的专业合法性的来源,那么它必定是建立在对特定职业评估标准的制度性控制的基础之上。经典职业(如医学或科学)以及新兴职业或职业团体(如网站设计领域或专利拍卖等)都试图制定各自领域内的专业标准并建立评估体系,包括专业培训标准。这样一来,各职业都具有了某种基本的、社会可接受的界定工作领域的单一标准。这些标准是变化的,而且受"职业体系"范围的动态变化的影响[艾伯特(Abbott,1988)]。

第三个功能,职业化工作的专家功能,有两个方面在创意产业领域起着决定性作用:我们不仅可以看到外部专家功能(对客户和公众),而且可以看到内部专家功能(在网络内)。内部专家功能主要是,通过判别树立行业新标准的专业人士以及具有同样重要性的在其特定领域里著名的培训师或教练,将评估过程区别化和合法化。领域内"专家"的属性也决定了地方创意经济(作为职业团体)发展的"集体"能力的方向。因此,我们需要把职业化看成是一个过程。职业化涉及信任规则的转变(从信任个体专家到信任资格证书),也涉及学习的转变(从不稳定的个人学习到更具学术性质的培训)以及质量控制的转变(从个性化的信任到全球化的职业网络的质量反映)。

7. 结论:新式治理?

本文的核心问题是:什么是柏林创意的空间组织动力?这些动力能否被公共管理部门操纵?

创意产业中柏林的特殊地位,可以看成是两个方面的直接结果,即后统一时代政治经济结构的调整和得到世界认可的符号经济(symbolic economy)的建设。柏林创意产业的动态变化可以最恰当地描述为自治,包括为取得新型职业化所做的努力。目前柏林行政管理当局普遍接受了这样的观点,环境改善("都市风格"、城市品牌建设等)似乎是"帮助"创意主体的唯一合理方式。如艾伯特和昆兹曼(Ebert and Kunzmann,2007)所说,成为"文化企业落户的潜在地区"的想象(附录中的第7类集群),似乎脱离了现实的进程,而柏林创意产业"自相矛盾"的实践和陷于传统模式的经济发展,似乎都来自于工业化的过去。

借助德菲利普等(DeFillippi,et al.,2007)的启发式框架,我们能够描述柏林创意产业案例中的一些创意悖论。研究表明,现有治理方式忽略了创意产业,没有将它们纳入治理范畴。通过强调柏林案例,我们展示了创意产业是以文化企业增长为特点的,文化企业家是对新型灵活的工作形式和企业家的一种表达方式,他们嵌入在独特的城市环境之中。

我们所观察的柏林创意产业的动态形式,涉及多种模式并与自治的重要性(如"创意柏林")有关。这些模式表明了用新的职业标准针对创意"对象"进行的治理,而这些对象具有相当不同的构成、永远处于变化之中、持续处于不稳定状态、高度移动并操作临时性项目。文化企业家是对这种灵活不稳定都市人混合体的可能的答案,它们夹在不同体系的矛盾之间:一方面,州政府和行政机构大体上遵循着标准方式在给定区域内直接组织和计划劳动力。而另一方面,市场的现实则是抛弃这种方式,形成一个远超过行政管辖范围的市场。文化企业家对此差异做出的反应是创造他们自己的界限模糊的互动关系空间:竞争与合作、交换与孤立、私立与公立、工作与闲暇都同时存在,难解难分。在非正式大联合公司和广泛的网络的基础上,他们发明出一些形式或自组织获得进入权力结构的机会。

参考文献

Abbott, A. (1988) *The Systems of Professions* (Chicago: Chicago University

Press).

Amin, A. (2004)"Regions unbound": towards a new politics of place, *Geografiska Annaler*, 86B(1), pp. 33—44.

Amin, A. and Thrift, N. (2002)*Cities. Reimagining the Urban* (Cambridge: Polity).

Bahrdt, H. − P. (1961/2006) *Die moderne Großstadt. Soziologische überlegungen zum Städtebau* (Opladen: Verlag für Sozialwissenschaften).

Balducci, A. (2004)Creative governance in dynamic city regions, *DISP*, 158, pp. 21—26.

Balducci, A. , Kunzmann, K. R. and Startorio, F. S. (2004) Towards creative city region governance in Italy and Germany, *DISP*, 158, pp. 2—4.

Bernt, M. (2003)Rübergeklappt. Die "Behutsame Stadterneuerung" im Berlin der 90er Jahre(Berlin: Schelzky & Jeep).

Bourdieu, P. (1986)The forms of capital, in: J. Richardson(Ed.)*Handbook of Theory and Research of the Sociology of Education*, pp. 241—258(Westport: CT: Greenwood Press).

Camagni, R. (1991)*Innovation Networks. Spatial Perspectives* (London: Belhaven Press).

Cameron, K. and Quinn, R. (1988) Organizational paradox and transformation, in: R. E. Quinn and K. Cameron(Eds)*Paradox and Transformation*, pp. 1—18(Cambridge: Harper & Row).

Caves, R. (2000)*Creative Industries, Contracts between Art and Commerce* (Cambridge, MA: Harvard University Press).

Davies, A. and Ford, S. (1998)Art capital, *Art Monthly*, 1(213), pp. 12—20.

Defillippi, R. , Grabher, G. and Jones, C. (2007) Introduction to paradoxes of creativity: managerial and organizational challenges in the cultural economy, *Journal of Organizational Behavior*, 28(5), pp. 511—521.

Drake, G. (2003)"This place gives me space": place and creativity in the creative industries, *Geoforum*, 34(4), pp. 511—524.

Ebert, R. and Kunzmann, K. R. (2007) Kulturwirtschaft, Kreative Räume und Stadtentwicklung in Berlin, DISP, 171(4), pp. 64—79.

Ellmeier, A. (2003) Cultural entrepreneurialism: on the changing relationship between the arts, culture and employment, *The International Journal of Cultural Policy*, 9(1), pp. 3—16.

Ertel, R. (2006) Daten und Fakten zur Kulturwirtschaft, *Aus Politik und Zeitgeschichte*, Nos. 34—35, pp. 17—23.

Evetts, J. (2003) the sociological analysis of professionalism, *International Sociology*, 18(2), pp. 395—415.

Florida, R. (2002a) The rise of the creative class-cities without gays and rock bands are losing the economic development race, *The Washington Monthly*, 34(5), pp. 15—25.

Florida, R. (2002b) *The Rise of the Creative Class: And How it's Transforming Work, Leisure, Community and Everyday Life* (New York: Basic Books).

Florida, R. (2005) *The Flight of the Creativity Class* (New York: Routledge).

Fournier, V. (1999) The appeal to "professionalism" as a disciplinary mechanism, *Social Review*, 47(2), pp. 280—307.

Freidson, E. (2001) *Professionalism: The Third Logic* (Cambridge: Polity).

Friebe, H. and Lobo, S. (2006) *Wir Nennen es Arbeit: die digitale Bohème oder: Intelleigentes Leben jenseits der Festanstellung* (München: Heyne).

Gander, J., Haberberg, A. and Rieple, A. (2007) A paradox of alliance management: resource contamination in the recorded music industry, *Journal of Organizational Behavior*, 28(5), pp. 607—624.

Grabher, G. (2001) Ecologies of creativity: the Village, the Group, and the heterarchic organisation of the British advertising industry, *Environment & Planning A*, 33(2), pp. 351—374.

Grabher, G. (2002a) Cool projects, boring institutions: temporary collaboration in social context, *Regional Studies*, 36(3), 205—214.

Gabher, G. (2002b) The project ecology of advertising: tasks, talents and teams, *Regional Studies*, 36(3), pp. 245—262.

Grabher, G. (2004) Learning in projects, remembering in networks?: communality, sociality, and connectivity in project ecologies, *European Urban and Regional Studies*, 11(2), pp. 103—132.

Grabher, G. (2006) Trading routes, bypasses, and risky intersections: mapping the travel of "networks" between economic sociology and economic geography, *Progress in Human Geography*, 30(2), pp. 1—27.

Hadjimichalis, C. (2006) Non-economic factors in economic geography and in "New Regionalism": a sympathetic critique, *International Journal of Urban and Regional Studies*, 30(3), pp. 690—704.

Hadjimichalis, C. and Vaiou, D. (1990) Whose flexibility? The politics of informalisation in Southern Europe, Capital & Class, 42, pp. 79—106.

Healey, P. (2006) Transforming governance: challenges of institutional adaptation and a new politics of space, *European Planning Studies*, 14(3), pp. 299—320.

Heinelt, H. (2004) Governance auf lokaler Ebene, in: A. Benz (Ed.) *Governance-Regieren in komplexen Regelsystemen*, pp. 29—44 (Opladen: Leske + Budrich).

Helbrecht, I. (1998) The creative metropolis. Services, symbols, and spaces, *International Journal of Architectural Theory*, 3(1), pp. 1—10.

Hirsch, P. (1972) Processing fads and fashions: an organization-set analysis of cultural industry systems, *American Journal of Sociology*, 77, pp. 639—659.

Holm, A. (2006) *Die Restrukturierung des Raumes. Stadterneuerung der 90er Jahre in Ostberlin: Interessen und Machtverhältnisse* (Bielefeld: Transcript).

Hosper, G. —J. (2003) Creative city: breeding places in the knowledge economy, *Knowledge, Technology, & Policy*, 16(3), pp. 143—162.

Jessop, B. (1995) The regulation approach, governance and post-Fordism, *Economy and Society*, 24(3), pp. 307—333.

Jessop, B. (1998) the narrative of enterprise and the enterprise of narrative:

place-marketing and the entrepreneurial city,in: P. Hubbard and T. Hall(Eds)*The Entrepreneurial City*,pp. 77—102(Chichester: Weley).

Kalandides, A. (2007)For a stricter use of the term "gentrification",*Geographies*,13,pp. 158—172.

Kalandides, A. and Lange, B. (2007)Creativity as a synecdoche of the city-marketing the creature Berlin,in: H. Wang, E. Yueng and T. Yueng(Eds)Proceedings of the Hong Kong Institute of Planners conference,*When Creative Industries Crossover with Cities*,pp. 122—133(Hong Kong).

Kosmala, K. (2007)The identity paradox? Reflections on fluid identity of female artist,*Culture and Organization*,13(1),pp. 37—53.

Kunzmann, K. R. (2004)An agenda for creative governance in city regions, *DISP*,158,pp. 5—10.

Landry,C. (Ed.)(1996)*The Creative City in Britain and Germany*(London: Anglo-German Foundation).

Lange, B. (2005a)Socio-spatial strategies of culturepreneurs. The example of Berlin and its new professional scenes(Special issue: Ökonomie und Kultur), *Zeitschrift für wirtschaftsgeographie*,49(2),pp. 81—98.

Lange, B. (2005b)Wachstumsmotor Kreative-Eine Kritik an Richard Florida, in: P. Oswalt(Ed.)*Schrumpfende Städt-Handlungskonzepte*,pp. 401—405(Ostfildern(Ruit): Hatje Cantz Verlag).

Lange, B. (2007)*Die Räume der Kreativszenen*,*Culturepreneurs und ihre Orte in Berlin*(Bielefeld: Transcript).

Lange, B. and Mieg, H. A. (2008)Professionalisierungswege und Konstituierungen von "Märkten" in den Creative Industries,*Geographische Zeitschrift*,94 (4),pp. 225—242.

Lave, J. (1991)Situating learning in communities of practice,in: J. M. Levine, L. B. Resnick and S. D. Teasley(Eds)*Perspectives on Socially Shared Cognition*, pp. 63—82(Washington,DC: American Psychological Association).

Massey, D. (1999)Spaces of Politics, in: J. Allen and P. Sarre(Eds)Human

Geography Today, pp. 279—295(Cambridge: Polity Press).

Massey, D. (2004) Geographies of responsibility, *Geografiska Annaler*, 86B (1), pp. 5—18.

McRobbie, A. (2002) Clubs to companies: notes on the decline of political culture in speeded up creative worlds, *Cultural Studies*, 16(4), pp. 516—531.

Mieg, H. A. (2008) Professionalisation, in: F. Rauner and R. Maclean (Eds) *Handbook of Vocational Education Research* (Dordrecht: Springer).

Neff, G., Wissinger, E. and Zukin, S. (2005) Entrepreneurial labour among cultural producers. "Cool" jobs in "hot" industries, *Social Semiotics*, 15(3), pp. 307—334.

Rae, D. (2002) Entrepreneurial emergence: a narrative study of entrepreneurial learning in independently owned media businesses, the *International Journal of Entrepreneurship and Innovation*, 3(1), pp. 53—60.

Rae, D. (2004) Entrepreneurial learning: a practical model from the creative industries, *Education + Training*, 46(8/9), pp. 492—500.

Rhodes, R. A. W. (1996) The new governance, Political Studies, 64, pp. 652—667.

Scott, A. J. (2006a) Creative cities: conceptual issues and policy questions, *Journal of Urban Affairs*, 28(1), pp. 1—18.

Scott, A. J. (2006b) Entrepreneurship, innovation and industrial development: geography and the creative field revisited, *Small business Economics*, 26(1), pp. 1—24.

Senatsverwaltung (2005) Kulturwirtschaft in Berlin. Entwicklung und Potenziale 2005, Senatsverwaltung für Wirtschaft, Arbeit und Frauen in Berlin, Berlin.

Senatsverwaltung (2006) Berlin - Stadt des Designs, Senatsverwaltung für Wirtschaft, Arbeit und Frauen in Berlin, Berlin.

Smith, N. (1979) Toward a theory of gentrification: a back to the city movement of capital, not people, *Journal of the American Planning Association*, 45(4), pp. 583—648.

Steyaert, C. and Katz, J. (2004) Reclaiming the space of entrepreneurship in society: geographical, discursive and social dimensions, *Entrepreneurship and Regional Development*, 16(3), pp. 179—196.

Stöber, B. (2008) Place Branding: how the provate creates the publis, in H. K. Hansen and D. Salskov-Iversen(Eds) *Critical Perspectives on Private Authority in Global Politics*, pp. 169—187(Basingstoke: Palgrave Macmillan).

Stoker, G. (1998) Governance as theory, *International Social Science Journal*, 50(155), pp. 17—28.

Svejenova, S., Mazza, C. and Planellas, M. (2007) Cooking up change in haute cuisine: Ferran Adrià as an institutional entrepreneur, *Journal of Organizational Behavior*, 28(5), pp. 539—561.

Sydow, J., Lindkvist, L. and DeFillippi, R. (2004) Project-based organizations, embeddedness and repositories of knowledge: editorial, *Organization Studies*, 25(9), pp. 1475—490.

Thelen, K. (2003) The paradox of globalization: labor relations in Germany and beyond, *Comparative Political Studies*, 36(8), pp. 859—880.

Thomas, M. (1997) Voraussetzungsvolle Passagen Neuer Selbständiger im ostdeutschen Transformationsprozeß, in: M. Thomas (Ed.) *Selbständige-Gründer-Unernehmer*, pp. 14—57(Berlin: Berliner Debatte Wissenschaftsverlag).

Vaiou, D. (1997) Informal cities? Women's work and informal activities on the margins of the European Union, in: R. Lee and J. Willis(Eds) *Geographies of Economies*, London, New York, Sydney, pp. 321—330(Auckland: Arnold).

White, H. C. (2002) *Markets from Networks: Socioeconomic Models of Production* (Princeton, NJ: Princeton University Press).

Wilson, N. and Stokes, D. (2005) Managing creativity and innovation. The challenge for cultural entrepreneurs, *Journal of Small Business and enterprise Development*, 12(3), pp. 366—378.

Zhang, X. (2004) Multiplicity or homogeneity? The cultural-political paradox of the age of globalization, *Cultural Critique*, 58, pp. 30—55.

附录

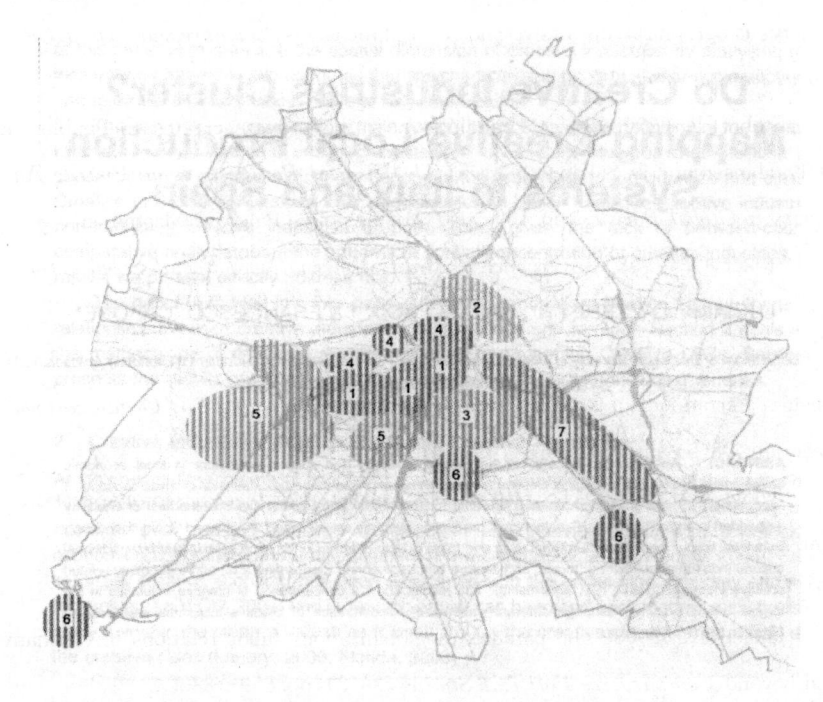

1. 旅游与娱乐区和国际上具有文化竞争力的文化产业位置
2. 年轻人为主的旅游区,拥有文化服务和生产领域的微型企业
3. 少数族裔区,有文化服务和生产领域的微型企业
4. 靠近艺术、音乐、设计、电影、媒体和软件学校的区域,有新设企业
5. 在"好地址"上的成熟的文化服务和生产公司
6. 成熟或证明为成熟的商业区,拥有影视、媒体和计算机行业(媒体或技术园区)
7. 未来文化企业落户的区域

资料来源:艾伯特和昆兹曼(Ebert and Kunzmann,2007:70)。

图2　柏林创意活动地图,基于一份官方研究报告

卢西亚娜·莱泽瑞提(Luciana Lazzeretti)

意大利佛罗伦萨大学商务经济学系

(Department of Business Economics, University of Florence, Florence, Italy)

拉斐尔·布瓦(Rafael Biox)

西班牙巴塞罗那自治大学应用经济学系

(Departament d'Economia Aplicada, Universitat Autònoma de Barcelona, Spain)

弗朗西斯科·卡彭(Francesco Capone)

意大利佛罗伦萨大学商务经济学系

(Department of Business Economics, University of Florence, Florence, Italy)

创意产业集聚吗？意大利和西班牙地方创意生产体系测绘

[内容提要] 关于创新和文化作为经济发展要素作用的重要争论正在鲜明地兴起。除了强调这些概念在理论上的定义之外，我们认为，还有必要加强比较研究，识别和分析特定地域的创新类型。本文选择意大利和西班牙的地方创意生产体系作为研究对象，以两国劳动力市场作为区域单位，主要关注两种不同类型的创意产业：传统创意产业（出版、音乐、建筑和工程、表演艺术）和与技术相关的创意产业（研发、信息通信技术、广告）。结果表明，虽然两国创意产业集中的形式有所不同，但它们都是集中于最大的城市系统中的。

1. 引言

目前正在出现的一个重要的争论，就是关于创意和文化作为地方经济发展要素所起的作用。尽管争论的重点是在理论定义上，但创意仍然是一个不甚明了、很难衡量和界定的概念。由于缺乏多样化分析方法和比较分析，使得这些概念都难以推广。为了对这一争论做些有益的贡献，我们认为有必要将创意及其与地域之间的关系，限制在几个公认的分析概念上，然后通过比较分析方法证实它们的有效性。

本文的分析是围绕一个简单的研究性问题组织的，即创意产业集聚吗？初始假设是，创意产业倾向于集聚在特定地点，我们称之为地方创意生产体系（Creative Local Production Systems，下称创意LPSs）。本文的主要目标就是，以具有非常相似的社会经济和地域特征的意大利和西班牙为案例，通过分析创意产业在这两个国家的地方化模式，衡量创意产业的空间形态。

本文主要有三个贡献。第一，将创意 LPSs 定义为社会—区域实体，具有促进创意产业集中的特征。第二，是对创意 LPSs 进行个性化分类，主要是依据它们在传统创意产业，或新兴创意产业，抑或是二者的专门化特点。第三，在缺乏对创意产业空间格局比较研究的情况下，我们的研究结论就是直接针对这一问题的。

本文分为四个部分。在引言之后，是第 2 部分，强调创意产业、创意阶层与地域之间的关系。第 3 部分，讨论创意产业定义的方法论并对创意 LPSs 进行测绘。第 4 部分报告研究结果。最后是结束语。

2. 创意产业、创意阶层和创意地区

目前，创意绝对代表了一个新兴的范式，处于活跃的科学争论的中心，吸引不同领域的学者参与其中，不仅仅是文化经济学家、经济发展学家和创新经济学家，还包括了社会学家、经济地理学家和城市规划师[鲍威尔和斯科特（Power and Scott, 2004）；哈特利（Hartley, 2005）]。从一开始，创意经济就与知识经济和新技术[经合组织（OECD, 2001）]密不可分。所涉及的前沿问题可以归结于三个主要研究领域，即创意产业[卡

福斯(Caves,2000)]、创意阶层[佛罗里达(Florida,2002)]和创意城市[兰德里(Landry,2000);佛罗里达(Florida,2008)]。

创意产业是现代经济的一个典型现象,"它们正在从边缘变为经济主流"[英国文化媒体和体育部(DCMS,2001:3)]。文化企业和创意企业,尽管它们的词义实际上是不同的,但已经被认为是同义词了。文化企业更多与比较传统的部门有关,比如出版业、音乐、表演和视觉艺术[托斯(Towse,2002)],而创意企业则大多由新的与数字经济相关的部门构成,比如软件和计算机服务[英国文化媒体和体育部(DCMS,2001);经合组织(OECD,2007)]。

文化艺术对经济的强化作用鼓励了新文化部门的发展,包括非营利部门,例如博物馆业[莱泽瑞提(Lazzeretti,2004)]和相关的活动,如组织展览会及大型活动等[贝鲁西和赛迪塔(Belussi and Sedita,2008)]。文化和创新的经济空间得以扩大,创意部门从以前严格定义的范围,扩展到包括文化和创意可以带来新的生机的其他部门。例如设计,就是一项交织于多个部门的经济活动[经合组织(OECD,2001)]。

创意阶层是第二个关键的分析领域。这方面的讨论是由佛罗里达(Florida,2002)的3Ts[包容、智慧和技术(Tolerance,Talent and Technology)]理论引起的,这一理论把目光从创意产业转向人力要素及创意发生地。简·雅各布(Jane Jacob,1961)在其城市分析中,强调了多元化的优势,以及人口的社会人口学特征。

第三个研究的主要分支是集群和城市。创意往往具有企业群的特性,而地方化,或更具体地说"城市化",则常与知识经济和新技术相互联结[特里安和布瓦(Trullèn and Boix,2008)]。一般而言,创意产业的确是聚集在一起的[马斯克尔和劳伦岑(Maskell and Lorenzen,2004);斯科特(Scott,2005)],而且是多种专业和多个经济部门的集聚。多种类和多元化,实际上是创意的引擎:"多种类使集聚成为必要,新颖性使得城市集聚成为必要,而激进式创新则需要全球和世界城市的集聚"[劳伦岑和弗雷德里克森(Lorenzen and Frederiksen,2008:165)]。

因此,创意通常被看成是一种城市现象,是城市发展和增长的决定因素之一[雅各布斯(Jacobs,1961,1984);斯科特(Scott,2006)]。创意城市是一个有着多面性的地方,其特点是兼有新世纪文化城市[哈伯德(Hubbard,2006)]和知识城市[特里安等(Trullèn, et al.,2002)]的许多特质。创意城市最初是与创意产业联系在一起的[霍尔(Hall,2000)],但它们现在也被看成是吸引创意阶层的聚焦点[佛罗里达(Florida,2008)],这样一来,城市发展背后的驱动力变成了其吸引和留住创意人才的能力。

不仅仅有城市创意,还有农村创意[麦格拉纳汉和沃詹(McGranahan and Wojan,2007)],以及整个区域的创意[库克和施瓦兹(Cooke and Schwarts,2007)]或者是园区的创意[桑托加塔(Santagata,2004);辛迪(Cinti,2008)]。一些作者认为,创意园区代表文化区的演进[经合组织(OECD,2005)],而其他一些观点则按严格意义上的概念考察它们在创意产业中特别的专门化状况,例如,好莱坞就是一个传统的电影工业区[斯科特(Scott,2005)]。

回到我们前面提到的创意研究的三个分支,聚焦由此取得的比较研究的成果,使我们有可能做出一些初步思考。

文化和创意经济主体引发大量研究报告的出笼,这些研究报告或是扇形观点或是地方化观点,并注重多视角研究,所得到的结论是,创意概念化的演变是发源于不同背景和出现在不同国家的[普拉特(Pratt,1997);杰夫卡特和普拉特(Jeffcutt and Pratt,2002)]。这也就是为什么很难对这个问题有一个一般化的解释的原因,英国文化媒体和运动部(DCMS,2001)和OECD(2007)都在遵循这一方向,尝试性地将"创意产业"定义所涉及的要素同质化。

第二条线,是由佛罗里达(Florida,2005,2008)定义并得到一定程度认同的思路,即衡量北美都市地区和欧洲国家的创意程度,甚至进行了全球规模的比较。尽管有一定程度的局限性[格莱泽(Glaeser,2005)],但这些研究仍然是有价值的,至少从反面评判这些研究的方法的角度看,它们促进了积极活跃的学术讨论[汉森等(Hansen,et al.,2005);沃詹等(Wojan et al.,2007)]。另外,它们的价值还在于,激发了相当大数量的比较研究,同样对创意的社会、空间和经济层面进行了探讨。

创意产业也是文化产业(至少部分),不仅有高技术创新,也有高端文化(High Culture)的创新。在以前的研究中,我们曾试图对艺术城市作为高端文化地方体系进行过探讨[莱泽瑞提(Lazzeretti,2008)]。人力资本是存在于高端文化地区的资源之一,当然也就是重要的创意资源,它可以激发知识和创新。社会资本同样重要并且是与工业区的模式相类似[贝卡蒂尼(Becattini,2004)]。为了体现出这一点,本文试图用创意 LPS 作为分析单位进行分析。创意 LPS 是指专门从事创意产业的地方生产体系,而根据它们的专业特性又划分为传统创意产业和非传统创意产业[莱泽瑞提(Lazzeretti,2007)]。然后,我们采用在地区分析中十分成熟的方法[1],研究本案例。

3. 方法论

3.1 创意产业的定义:传统的和非传统的

"创意产业"这个词是英国文化媒体和体育部在其创意产业测绘文件[The Creative Industries Mapping Document(2001)]中创造的,将文化部门的定义扩展到包括多媒体活动,从而可以适应由于新技术的开发和增长导致的结构性变化。"创意产业"的定义是指"起源于个

---

[1] 实证分析和佛罗里达创意阶层的比较研究,有两个方面的不同:第一是分析的区域单位不同,通常是大都会[佛罗里达(Florida,2002)]或省[佛罗里达和蒂纳格里(Florida and Tinagli,2005)];第二是在定义创意阶层的职业分类上不同(艺术家、工程师、设计师、企业家等)。本文用地方劳动力市场作为分析的区域单位,而且在分析一个地方的创造力时用创意产业来代替。

体创意、技巧及才能,通过知识产权的产生和利用而有潜力创造财富和就业机会的产业"[英国文化媒体和体育部(DCMS,2001:5)]。创意产业是文化产业适应结构转变而自然进化的标志,这种结构转变则是由娱乐产业中新技术和新产品的出现引起的。根据欧洲委员会报告(European Commission Report,2001)的定义,创意产业与"数字文化"有关;是一个难以描绘确切边界、有着一整套传统文化部门与信息部门之间的协同效应和相互作用的领域。

韦索米斯基(Wyszomirsky,2004)提出了定义创意产业的四套标准,每一套注重一个特别的要素:(1)提供的产品或服务;(2)生产组织;(3)中央生产工艺;(4)职业团组或员工团组。作者(2004:27)指出,大多数发展创意产业的举措都注重"一个列明哪个组织在什么领域和行业的名录,然后收集反映关键内容的信息,包括规模、销售、收入、出口活动、就业和生产数据"。根据对这些特点的推断,我们可以按活动的类型来定义创意产业。英国文化媒体和体育部(DCMS,2001)用类似方法对创意产业进行的分类是:广告、影视、音乐、表演艺术、出版、软件和计算机服务、研究与开发(建筑、平面设计、时装)、通信。所有这些活动都直接或间接地生产文化产品,包括了商业和艺术企业,以及公共和非营利组织。总之,潜在的主题就是创意,尽管它不是只属于一个部门的元素。

我们还考虑到,在创意活动组内,非传统创意产业会产生在与过去传统文化活动发展不同的地方①。考虑到专门化具有不同地理特征的可能性,我们比较了莱泽瑞提(Lazzeretti,2007)与波杜和斯巴达(Bodo and Spada,2004)在意大利文化经济报告中所定义的"文化产

---

① 测绘文件(DCMS,2001)可以看成是一个可共享的欧洲标准,从这份文件出发,我们将传统创意产业从非传统创意产业中分离出来,目的在于引起对这些国家的专门化领域的重视,了解到本文所研究的国家文化创意产业概念有着同样的发展进程。严格意义上的文化产业通常是南欧国家的优势,它们有着极为丰厚的文化和艺术传承,而创意产业则在北欧比较普遍,它们在知识经济和信息通信技术方面有更强的倾向性。本文试图探讨创意的另一个维度,即在其他案例中难以糅合在一起的高端文化,我们使用的方法可以证实两个国家存在的情况。

业"，和测绘文件(DCMS,2001)中给出的"创意产业"的定义。由此，我们就可以确定这些产业是否在严格意义上与文化相关，还是与一个更广泛的创意概念相关。

通过这样的分析，英国文化媒体和体育部的创意产业分成了更详细和实用的两个组。第一组包含了"传统文化产业"（基本上是意大利报告中列出的）和出版、建筑及工程工作室、音乐、电影和表演艺术。第二组是由非传统创意产业构成的，包括研究与开发、软件和计算机服务、广告（见表1）[1]。

表1　　　　传统文化产业和非传统创意产业(NACE* Rev. 1)

传统文化产业	非传统创意产业
出版业	研究与开发(建筑、平面设计、时装)
22.1 出版	73.1 自然科学和工程的研究与实验
22.2 印刷及与印刷相关的服务	73.2 社会科学和人文科学的研究与实验
建筑和工程工作室	软件和计算机服务
74.2 建筑与工程活动和相关技术咨询	72.2 软件咨询和供给
音乐、电影、视频和表演艺术	72.6 其他计算机相关活动
22.3 记录媒介的复制	广告业
92.1 电影和视频活动	74.4 广告
92.2 广播和电视活动	
92.3 其他娱乐活动	

资料来源：根据 DCMS(2001)和 NACE Rev. 1 制作。

* 译者注：NACE 为欧共体经济活动一般产业分类（Nomenclature des Activités Économiques dans la Communauté Européenne），1970 年开始发布，后有过若干次修订，Rev1 为 1990 年的修订版。

---

[1] 有必要对所用分类的几个方面做一说明。首先是本研究中没有包括电信业。原因是，根据欧盟产业分类体系(NACE)对经济活动的定义(1.1 版)，电信包括网络维修，而没有办法可以将其从总类中剔除。其他活动，如广告和电影还包括中介机构，也没有办法剔除，总体来讲它们在全国层面所占比重非常小。最后，我们没有包括"工艺品和古董市场贸易"，是因为根据 NACE 的定义，贸易是不记录产品交易对象的，无法识别工艺品、古董等的卖家。再者也不可能从总类中区别开来。

3.2 地方创意生产体系识别

创意活动的城市特质意味着，创意产业并不是均匀分布在一个地域的；相反，它们集中于特定的、具有地方创意生产体系（即创意 LPS）特征的地方。用地域分析方法看意大利、西班牙创意产业的地理分布，都是基于大的行政单位，如地区或省［加西亚等（García et al.，2003）；波杜和斯巴达（Bodo and Spada，2004）］，其主要的局限性在于，单位不是太大就是太小以至于不能体现创意在空间上的社会经济发展进程。

斯福兹和洛伦西尼（Sforzi and Lorenzini，2002）提出地方劳动力市场（LLM）是合适的分析单位，这样能够反映空间社会经济发展进程，也能反映和分析地方的专门化模式。地方劳动力市场包含可以识别地方生产体系的信息，即生活和工作在区域内的人口以及企业社区和人口社区情况。

门季奈罗（Menghinello，2002）提出了使用地方劳动力市场作为识别地方生产体系的基础的另一个理由。由于劳动力市场超越了行政管理定义，更多地反映出区域组织的有效性；地方劳动力市场注重特定区域内的居民和劳动力之间的关系；它们可以让我们观察到居住在城市核心边界之外但工作在市内的创意"通勤人"。劳动力市场信息是根据意大利和西班牙每天的通勤人流收集的，因而是具有相同含义的劳动力市场，这让我们可以使用这些数据进行对比。将同样的方法用于 2001 年的人口普查，意大利统计局（ISTAT，2005）确认，意大利有 686 个地方劳动力市场；布瓦和加列托（Boix and Galletto，2006）确认西班牙有 806 个地方劳动力市场。

为了运用有可操作性的创意生产体系定义，我们将创意 LPS 定义为创意产业高集中度的地方劳动力市场，如前面的定义一样。

国家创意产业集中度可以通过简单的产业专门化统计［集中度指数（concentration index）、基尼系数（Gini index）］获得，也可以通过更复杂的衡量方式获得,比如考虑自然优势和集群经济[埃里森—格莱泽指数(Ellison-Glaeser index)与毛雷尔—塞迪尔指数(Maurel-Sédillot index)]。然而,这些统计都是非空间数据,且只有产业内容,而没有产业的地方集中度信息。地域内容是要考虑地域专业指数,或集聚,这方面有大量方法可用[冯霍夫和陈(Von Hofe and Chen,2006);可萨斯基和罗(Koschatzky and Lo,2007)]。由于比较两国地方生产体系的特殊困难和由于不同分类法导致出现不同收入产出结构的可能性,我们的分析将着重于最具有创意 LPS 基本特征的地域集中度上。

地方劳动力市场中创意产业的集中度,可以运用绝对值或相对值指数,通过标准的或随机的方法,加以识别。在识别地域专门化方面,最常用的方法就是区位商(Location Quotient,LQ),因为区位商数可以体现独立于地方规模的空间集聚[冯霍夫和陈(Von Hofe and Chen,2005)]。在英国[普拉特(Pratt,1997);巴赛特等(Bassett et al.,2002)]、西班牙[加西亚等(García et al.,2003)和意大利[卡彭(Capone,2008)]这一指数都用于对文化产业的研究。区位商(LQ)是某个产业中一个地区的相对专门化水平与全国平均水平的比较,表达式如下:

$$LQ_{ij} = \frac{E_{ij}}{E_i} \Big/ \frac{E_j}{E} > 1 \qquad (1)$$

E_{ij} 是地方生产体系 j 中在产业 i 的就业人数,E_i 是产业 i 的总就业人数,E_j 是地方生产体系 j 的就业人数,E 是国家总就业人口[①]。LQ 大于 1 表示产业 i 在地区 j 的集中度高于全国平均水平。

LQ 的主要优点就是简单、透明,而且数据易得。另一方面,它也有一些不足。例如,LQ 不考虑地方产业的总体绝对值规模(高 LQ 系数可能和就业人数少有关,相反亦是如此),所以也许有必要使用最小阈值的办法。其他一些局限性是,没有按规模分的产业分布,临界值的定义往往不是 1(通常是 1.1 或 1.2),还有就是 LQ 中所含的信息量有限。

---

① 本研究采用就业数据是因为实际上只有这类数据是同质的,可以在目前区域层次上进行意大利和西班牙两个国家的比较。

LQ 还可以用绝对偏差来计算：

$$ALQ_{ij} = \left(\frac{E_{ij}}{E_i} - \frac{E_j}{E}\right) E_j > 0 \tag{2}$$

ALQ 值大于 0 是指一个产业的地方就业数超过全国平均值。标准 LQ 指数并不能提供非常详尽的关于相对专门化的信息,但它有一个长处,就是运用正数值滤波器时通常会考虑地方因素,这适合于有高度专门化水平的大地方。

文献中提出的其他 LQ 的变形,都是对解决或改善标准 LQ 质量问题进行的探索。欧唐纳休和格里夫(O'Donaghue and Gleave,2004)提出了一个对 LQ 的改进方案,解决临界值的问题,将商数参数化为一个可以应用统计显著性水平的正态函数。用他们的方法得到标准化区位商(Standardized Location Quotient,SLQ)有三个步骤:(1)计算所要研究的产业的 LQ,在本案例中就是创意产业。(2)程序只在正态分布的假设下有效,所以要检验分布的正态性,例如用简单的柯尔莫哥洛夫—斯米尔诺夫检验(Kolmogorov-Smirnov test)。如果分布是不对称的,那么就将 LQ 取对数使分布居中。(3)LQ(或 log LQ)标准化(或正态化)是将每一个观测值减去平均数然后除以标准差,所得到的 z—值就是标准化的 LQ(Standardized LQ,SLQ)。z—值可以直接用正常值和事先设定的统计显著性水平进行比较。5%的置信水平对应的标准值是 1.96,但如果分布还是有点不对称的话,那么单尾 z—值为 1.65,对应的置信区间可以用 10%[①]:

$$ZLQ_{ij} = \frac{\log(LQ_{ij}) - \overline{(\log(LQ_{ij}))}}{\text{std. dev}(LQ_{ij})} > \frac{1.96}{1.65}$$

另一种 LQ 的表达是对称 LQ(Symmetric LQ):

$$SymLQ_{ij} = (LQ-1)/(LQ+1) > 1$$

---

① 依照欧唐纳休和格里夫(O'Donaghue and Gleave,2004)的方法,我们用了 5%和 10%这两个计量经济统计推断通常使用的置信区间,但结论值会由于每项研究的特殊性而有所不同。

对称LQ的值大于1代表产业的专门化。这一简单转换在经济计量学估计中是非常有用的,因为它可以使通常不对称的LQs的分布居中,并且提供了一个对欧唐纳休和格里夫(O'Donaghue and Gleave)对数转换方式的替代选择①。

因此,从前面创意产业的定义出发,在我们对意大利和西班牙创意LPS地理集中度的实证分析中,使用地方劳动力市场作为地域单位。由于创意产业之间的内部投入产出关系未知,并假定集群之间是不同的,我们先采用LQ分析创意产业整体,然后分别对创意产业中的传统部门和非传统部门进行计算。如果LPS同时有专门化的传统和非传统部门,或者是两个部门之和有显著的LQ,那么我们可以称之为多元化创意LPS(Diversified Creative LPS)。由于许多数据接近1而且没有明显的临界值,所以我们使用标准化LQ(SLQ)作为传统LQ的补充。为了纠正小型LPS的相对影响而引起的激变,在考虑使用LQ或SLQ的时候,作为额外的限制条件,要求一个产业的最低就业人数要达到250人(相当于一个大型企业),否则不具有经济意义。

4. 结果

4.1 创意产业的就业

意大利创意产业大约有87.9万个就业岗位(占全部就业的5.6%),西班牙有67.3万个就业岗位(占全部就业的4.12%)(见表2),与其他研究发现的这个比例相符,通常为4%~6%〔普拉特(Pratt,1997);霍尔(Hall,2000);英国文化媒体和体育部(DCMS,2001)〕②。创意产业在意大利比在西班牙更重要,尽管两国相对差距

---

① 其他可用的LQ版本是跨产业LQ和弗莱格LQ(Flegg and Webber,2000),二者均受到投入产出法的影响。前者是将一个产业的专门化程度和任何其他产业的专门化程度相比较(例如,创意产业和非创意产业),而后者用的是跨产业LQ乘以λ*用城市规模加权。

② 其他部门更相关,例如,制造业(意大利为25%,西班牙是17%)、贸易(两个国家均在16%左右)、房地产和商业活动(意大利为11%,西班牙为8%)、建筑业(分别为8%和12%)。但是,如果我们考虑在成熟的意大利制造(Made in Italy)行业中创意对振兴的贡献的话,那么创意产业就业率可能会高很多。

并不是很大(1.5个百分点,即相对差为36%)。

表2　　　　　　　2001年意大利和西班牙创意产业就业情况

	岗位数		占总就业%		占创意产业就业%	
	意大利	西班牙	意大利	西班牙	意大利	西班牙
传统创意产业	579 855	457 864	3.7	2.8	66.0	68.0
出版印刷业	173 391	196 951	1.1	1.2	19.7	29.2
建筑与工程	295 289	142 459	1.9	0.9	33.6	21.2
电影、视频和表演艺术	111 175	118454	0.7	0.7	12.6	17.6
非传统创意产业	299 107	215 499	1.9	1.3	34.0	32.0
广告业	52 240	61 949	0.3	0.4	5.9	9.2
软件与计算机服务	223 771	144 785	1.4	0.9	25.5	21.5
研究与开发	23 096	8 765	0.2	0.1	2.6	1.3
全部创意产业	878 962	673 363	5.6	4.1	100.0	100.0

资料来源:根据ISTAT(2001)和INE人口普查(2001)。

意大利传统创意行业总共有58万个工作岗位(占总就业的3.7%),西班牙传统创意产业有45.8万个就业岗位(占总就业的2.8%)(见表2)。两个国家传统创意产业的工作岗位数占创意产业总体工作岗位数的比重类似:意大利为66%,西班牙为68%。因此,从就业分布来看,传统创意产业大于非传统创意产业[①]。在传统创意产业内,最重要的活动是建筑与工程。这些活动在意大利比在西班牙更重要,在意大利,该部门的就业岗位有29.5万个,占岗位总数的1.9%,占创意产业岗位数的33.6%;而在西班牙,相应的数据分别为14.25万个、0.9%和21%。

另外两个传统创意产业在两个国家基本相似。出版印刷业,意大利有17.3万个就业岗位(占总就业的1.1%),西班牙有19.7万个岗位(占总就业的1.2%)。这个部门的岗位数占创意产业岗位数的比

---

① 如果用其他指标,比如营业额或增加值,这一结果会发生变化。

重,意大利是19.7%,西班牙是29.2%①。电影、视频和表演艺术部门,在意大利有11.1万个岗位(占总就业的0.7%),在西班牙有11.8万个岗位(占总就业的0.7%)。这个部门岗位数占创意产业总就业的比重,意大利为12.6%,西班牙为17.6%。

非传统创意产业的岗位数,在意大利是29.9万个左右(占总就业的1.9%),在西班牙大约是21.5万个(占总就业的1.3%)(见表2)。它们占总体创意产业岗位数的比重,意大利为34%,西班牙是32%。意大利非传统创意产业的比重相对较大的原因来自于其软件与计算机服务业,共有22.4万个工作岗位(占总就业的1.4%,占总体创意产业就业的25.5%),而西班牙的这个部门的岗位数是14.5万个(占总就业的0.9%,占总体创意产业就业的21.5%)。研究与开发部门在创意产业中所占比重也是意大利略高于西班牙,意大利岗位数是2.3万个,占创意产业就业的2.6%;西班牙分别为0.88万个岗位和1.3%,这个部门在两个国家都很小(分别占意大利和西班牙总就业的0.2%和0.1%)。最后是广告业,西班牙比意大利的比重略高,西班牙在这个部门的岗位数是6.2万个,分别占总就业和创意产业就业数的0.4%和9.2%;意大利的岗位数为5.2万个,分别占总就业和创意产业就业数的0.3%和5.9%。

4.2 地方创意生产体系的地理集中度

运用临界值为1、最低就业人数为250的创意产业的LQ,分别计算出每个国家的系数,我们发现,意大利有62个创意LPS(地方创意生产体系)(占地方劳动力市场数的8.9%),西班牙有25个(占3.1%)。意大利在创意LPS的创意就业人数总共约56.15万人(占创意就业总数的63.8%),西班牙创意就业人数约43.8万人(占创意就业总数的65%)(见表3)。

---

① 这个部门在西班牙所占比重较大的原因是,西班牙出版的西班牙语图书(特别是马德里和巴塞罗那)实际上不仅仅是面向国内市场,而且还面向拉美市场。

148　文化产业中的情境创意管理

表 3　2001 年传统和非传统及多元化创意 LPS(LQ 大于 1,最低就业人数 250)

	地方体系数量		创意产业就业		举　例	
	意大利	西班牙	意大利	西班牙	意大利	西班牙
传统创意 LPS[a]	42	17	107 855	79 000	诺瓦拉(Novara)、多利亚尼(Dogliani)、福萨诺(Fossano)、萨卢佐(Saluzzo)、奥瓦达(Ovada)、奥美良(Omegna)、奥斯塔(Aosta)、瓦雷泽(Varese)、科摩(Como)、贝加莫(Bergamo)、布雷西亚(Brescia)、克雷莫纳(Cremona)、博尔扎诺(Bolzano)、克莱斯(Cles)、维罗纳(Verona)、维罗港(Porto Viro)、乌迪内(Udine)、马尼亚戈(Maniago)、皮亚琴察(Piacenza)、法恩莎(Faenza)、拉文那(Revenna)、弗利(Forli)、卡托利卡(Cattolica)、里米尼(Rimini)、比塔圣塔(Pietrasanta)、圣洛伦佐镇(Borgo San Lorenzo)、菲伦佐拉(Firenzuola)、圣塔城(Città di Castello)、佩鲁贾(Perugia)、佩佐拉(Fano)、佩尔戈拉(Pergola)、托伦蒂诺(Tolentino)、阿维扎诺(Avezzano)、坎波巴索(Campobasso)、贝内文托(Benevento)、卡瓦德蒂雷尼(Cava de'Tirreni)、普蒂尼亚诺(Putignano)、加利波利(Gallipoli)、马尔西科韦泰雷(Marsicovetere)、波坦察(Potenza)、波利科罗(Policoro)、伊格莱西亚斯(Iglesias)	巴伦西亚(Valencia)、塞维利亚(Sevilla)、拉科鲁尼亚(A Coruña)、潘普洛纳(Pamplona)、洛格罗尼奥(Logroño)、圣地亚哥-孔波斯特拉(Santiago de Compostela)、赫罗纳(Girona)、维拉弗兰卡-潘奈德斯(Vilafranca del Penedè)、塔拉戈纳(Tarragona)、曼雷沙(Manresa)、伊瓜拉达(Igualada)、塞塞尼亚(Sesena)、圣萨杜尼亚(Sant Sadurní d'Anoia)、艾丝黛拉(Estella)、翁蒂年特(Ontinyent)、伊维(Ibi)、卡佩亚德斯(Capellades)
非传统创意 LPS[b]	11	0	64 458	0	伊夫雷亚(Ivrea)、圣文森(Saint-Vincent)、比萨(Pisa)、那不勒斯(Neples)、巴里(Bari)、卡坦扎罗(Catanzaro)、巴勒莫(Palermo)、科森扎(Cosenza)、皮赛勤(Piscina)、卡利亚里(Cagliari)	—
多元化创意 LPS[c]	9	8	389 105	359 000	的里雅斯特(Trieste)、帕尔马(Parma)、博洛尼亚(Bologna)、佛罗伦萨(Florence)、罗马(Rome)、都灵(Turin)、米兰(Milan)、特伦托(Trento)、帕多瓦(Padua)	马德里(Madrid)、巴塞罗那(Barcelona)、毕尔巴鄂(Bilbao)、萨瓦德尔(Sabadell)、圣塞巴斯蒂安(San Sebastián)、马塔罗(Mataró)、瓜达拉哈拉(Guadalajara)、拉加里加(La Garriga)
总计	62	25	561 428	438 000		

[a] 专门化(LQ>1)只在传统文化产业:出版、建筑与工艺工作室、音乐、电影、视频和表演艺术。
[b] 专门化(LQ>1)只在非传统创意产业:研究与开发(建筑、平面设计、时装)软件与计算机服务厂广告业。
[c] 同时专门化于传统和非传统创意产业(二者均 LQ 都大于 1)。
资料来源:根据 ISTAT(2001)和 INE 人口普查(2001)整理。

意大利有 42 个传统创意 LPS(占全部创意 LPS 的 67.7%),其创意产业就业人数约 10.8 万人,其中的 74.8%在传统创意产业工作。在西班牙,有 17 个传统创意 LPS(是全部创意 LPS 的 68%),有 7.9 万人在创意产业就业,其中又有 72%是在传统创意产业工作。意大利传统创意 LPS 基本上都是中型城市,如维罗纳(Verona)、皮亚琴察(Piacenza)、奥斯塔(Aosta)等,而在西班牙,还包括了最大城市中的两个,巴伦西亚(Valencia)和塞维利亚(Seville)。

意大利有 11 个非传统创意 LPS(占总创意 LPS 的 17.7%),其中创意就业人数有 6.45 万人(占非传统创意产业就业的 55.5%)。这些 LPS 都是与具有一定程度的高技术服务专业化水平的大中型城市结合在一起的(中型城市主要在意大利北部,而大型城市在南部)。西班牙没有显著专门集中于非传统创意产业的创意 LPS。

多元化的创意 LPS,它们同时拥有专门化的传统创意产业和非传统创意产业[①]。意大利有 9 个多元化创意 LPS(占总创意 LPS 数的 14.5%),西班牙有 8 个(占总创意 LPS 数的 32%)。意大利的多元化创意 LPS 中,共有约 38.9 万创意就业人口(占创意产业就业的 44.3%),西班牙约有 35.9 万人(占创意产业就业的 53%)。这一类别包含的 LPS 都是在意大利和西班牙最大的城市,意大利的罗马、米兰、都灵、佛罗伦萨等,但没有那不勒斯,西班牙的马德里、巴塞罗那、毕尔巴鄂等,但不包括巴伦西亚和塞维利亚。

对两个国家创意 LPS 的测绘图显示出它们空间集聚的格局,意大利的情况没那么明显(见图 1)。实际上,意大利的多元化创意 LPS 集中在中部和北部意大利,而纯传统的和纯非传统的创意 LPS 则散布于整个国家,形成小型的集群。而西班牙的创意产业高度集中于几个地方,形成围绕马德里、巴塞罗那、巴斯克地区—纳瓦拉—里奥哈—

[①] 在传统或非传统产业都没有(或者都有)专门化的情况下,多元化也是有可能的,尽管在本研究中没有发现有类似特征的体系。

加利西亚,以及巴伦西亚和塞维利亚的集群。马德里 LPS 独自就占了西班牙创意产业就业人数的 30%,巴塞罗那占 15%。二者加起来占西班牙创意产业就业的 45% 和创意 LPS 就业的 69.5%。这样看来,创意产业对意大利更重要但集中程度不是很高,而西班牙创意产业的就业占比相对较低但高度集中于几个 LPS,特别是以马德里和巴塞罗那为中心的 LPS。

至于另外一些基于 LQ 识别创意 LPS 的方法中,流行指数(绝对偏差 LQ)在控制了规模差异的情况下,产生的结果与传统 LQ 的结果相同。而标准化 LQ 增加了创意 LPS 的数量。但是,西班牙的传统和非传统 LQ 的正态分布检验被拒绝了,即使还采用了 LQ 取对数转换的方法和对称性转换的方法[柯尔莫哥洛夫—斯米尔诺夫检验(Kolmogorov-Smirnov test)和夏皮罗—法郎士检验(Shapiro-France test)]。但西班牙创意产业在整体上是被接受的。实际上,标准化和对称 LQ 使数据分布居中,且缩短了极端值集中的上尾区域;这样一来,如果我们的"价值目标"正好集中于上尾,我们就得不到想要的结果了。正因如此,在对非传统创意产业的计算中,我们加入了一些,就我们所知,并非专门从事这类活动的 LPS_1,将它们的数值设为相当于传统 LQ 的 0.8。因而,传统 LQ 结合一个阈值可以取得比其他方法更好的结果。

4.3 主要城市比较

因为创意产业集中于最大的创意 LPS,所以我们对两个国家主要城市创意 LPS 做了进一步的比较。为了深化研究,我们决定对每个国家的三个主要城市进行比较。首先,我们在分析中包括了主要的创意中心,它们创意产业的就业比重较高,即首都(罗马和马德里)和两个主要的工业中心(意大利的米兰和西班牙的巴塞罗那)。为了也关注到文化传统产业,我们包括了两个在艺术和文化上可比的城市,佛罗伦萨和巴伦西亚。

(a) 意大利

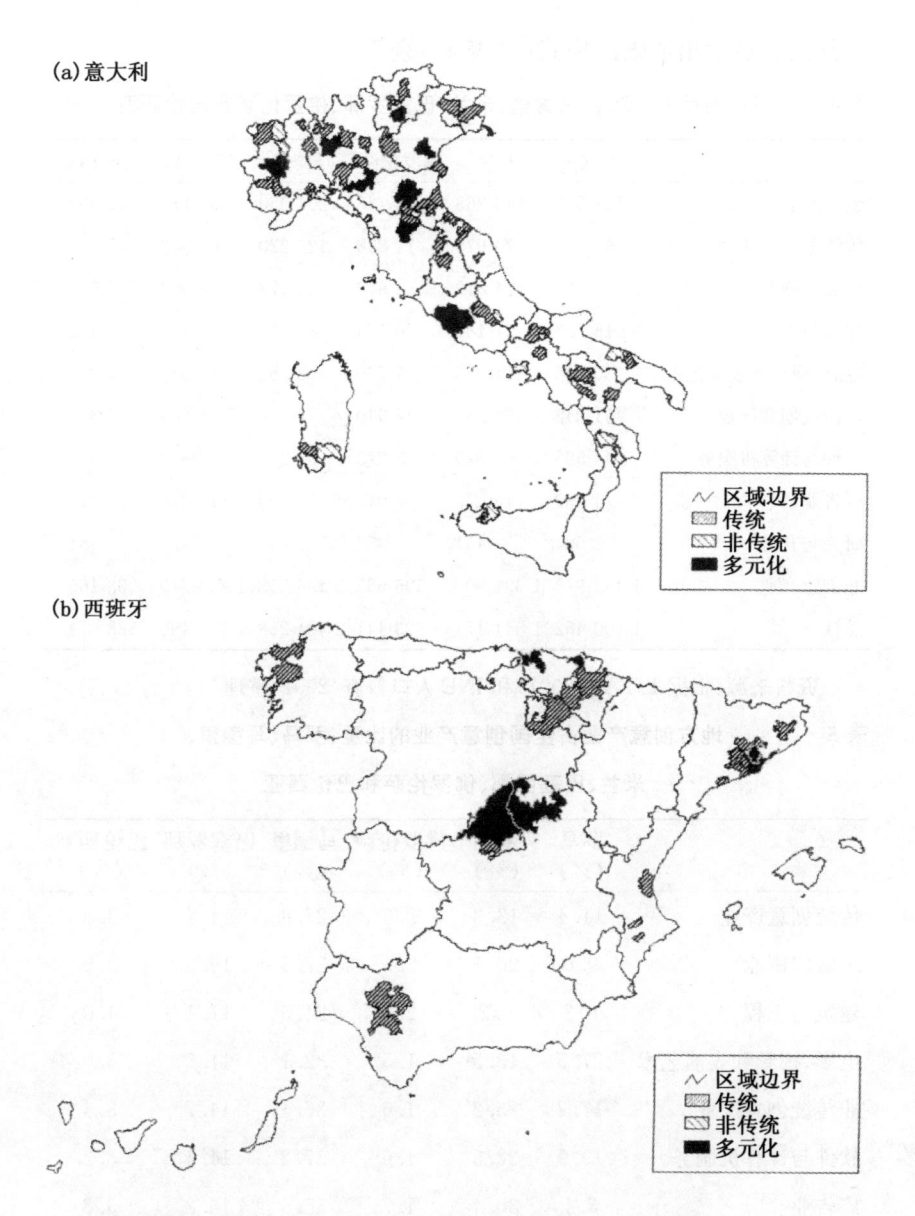

(b) 西班牙

图例：区域边界 / 传统 / 非传统 / 多元化

资料来源：根据 ISTAT(2001)和 INE 人口普查(2001)整理。

图1　意大利和西班牙地方创意生产体系（LQ 大于 1，最低就业人数 250）

尽管比较研究给出了一些有意思的事实，但是城市比对或国家比对都没有显示出清晰的模式(见表4～表7)。

表4　创意产业就业:罗马、马德里、米兰、巴塞罗那、佛罗伦萨和巴伦西亚

	罗马	米兰	佛罗伦萨	马德里	巴塞罗那	巴伦西亚
创意产业	117 507	146 268	16 778	204 950	99 177	24 909
传统创意产业	66 159	76 979	11 838	127 220	67 509	17 516
出版印刷业	16 798	34 819	3 979	54 178	38 003	7 607
建筑与工程	18 793	27 187	6 159	34 980	15 872	5 662
电影、视频和表演艺术	30 568	14 973	1 700	38 062	13 634	4 247
非传统创意产业	51 348	69 289	4 940	77 730	31 668	7 393
软件与计算机服务	44 525	49 929	3 673	53 901	20 873	4 564
广告业	4 239	15 879	914	21 990	10 016	2 348
研究与开发	2 584	3 481	353	1 839	779	481
非创意产业	1 182 975	1 394 903	306 663	2 196 308	1 238 319	563 165
总计	1 300 482	1 541 171	323 441	2 401 258	1 337 496	588 074

资料来源:根据ISTAT(2001)和INE人口普查(2001)整理。

表5　地方创意产业占全国创意产业的比重:罗马、马德里、米兰、巴塞罗那、佛罗伦萨和巴伦西亚

	罗马(%)	米兰(%)	佛罗伦萨(%)	马德里(%)	巴塞罗那(%)	巴伦西亚(%)
传统创意产业	11.4	13.3	2.0	27.8	14.7	3.8
出版印刷业	9.6	20.1	2.3	27.5	19.3	3.9
建筑与工程	6.3	9.2	2.3	24.6	11.1	4.0
电影、视频和表演艺术	27.5	13.5	1.5	32.1	11.5	3.6
非传统创意产业	17.2	23.2	1.6	36.1	14.7	3.4
软件与计算机服务	19.9	22.3	1.6	37.2	14.4	3.2
广告业	8.1	30.4	1.7	35.5	16.2	3.8
研究与开发	11.2	15.1	1.5	21.0	8.9	5.5
创意产业	13.4	16.6	1.9	30.4	14.7	3.7

资料来源:根据ISTAT(2001)和INE人口普查(2001)整理。

表6　　　创意产业占地方就业的比重：罗马、马德里、
　　　　　米兰、巴塞罗那、佛罗伦萨和巴伦西亚

	罗马(%)	米兰(%)	佛罗伦萨(%)	马德里(%)	巴塞罗那(%)	巴伦西亚(%)
创意产业	9.0	9.5	5.2	8.5	7.4	4.2
传统创意产业	5.1	5.0	3.7	5.3	5.0	3.0
出版印刷业	1.3	2.3	1.2	2.3	2.8	1.3
建筑与工程	1.4	1.8	1.9	1.5	1.2	1.0
电影、视频和表演艺术	2.4	1.0	0.5	1.6	1.0	0.7
非传统创意产业	3.9	4.5	1.5	3.2	2.4	1.3
软件与计算机服务	3.4	3.2	1.1	2.2	1.6	0.8
广告业	0.3	1.0	0.3	0.9	0.7	0.4
研究与开发	0.2	0.2	0.1	0.1	0.1	0.1
非创意产业	91.0	90.5	94.8	91.5	92.6	95.8
总计	100.0	100.0	100.0	100.0	100.0	100.0

资料来源：根据 ISTAT(2001) 和 INE 人口普查(2001) 整理。

表7　　　按组分地方创意产业分布：罗马、马德里、
　　　　　米兰、巴塞罗那、佛罗伦萨和巴伦西亚

	罗马(%)	米兰(%)	佛罗伦萨(%)	马德里(%)	巴塞罗那(%)	巴伦西亚(%)
传统创意产业	56.3	52.6	70.5	62.1	68.1	70.3
出版印刷业	14.3	23.8	23.7	26.4	38.3	30.5
建筑与工程	16.0	18.6	36.7	17.1	16.0	22.7
电影、视频和表演艺术	26.0	10.2	10.1	18.6	13.7	17.1
非传统创意产业	43.7	47.4	29.4	37.9	31.9	29.7
软件与计算机服务	37.9	34.1	21.9	26.3	21.0	18.3
广告业	3.6	10.9	5.4	10.7	10.1	9.4
研究与开发	2.2	2.4	2.1	0.9	0.8	1.9
创意产业	100.0	100.0	100.0	100.0	100.0	100.0

资料来源：根据 ISTAT(2001) 和 INE 人口普查(2001) 整理。

(1)马德里、米兰、巴塞罗那和罗马在各自国家都是创意中心。马

德里的 LPS(有大约 20.5 万个创意工作岗位)拥有最大数量的创意就业水平,而在其后的是米兰(14.6 万)、罗马(11.7 万)、巴塞罗那(9.9 万)。巴伦西亚的 LPS(2.5 万)和佛罗伦萨(1.7 万)的创意岗位数更少(见表 4)。西班牙创意产业的分布是极端两极分化的,马德里(30.4%)和巴塞罗那(14.7%)两个 LPS 加起来占全国创意产业就业的 45.1%(见表 5)。在意大利,米兰的 LPS 占全国创意产业就业的 16.6%,罗马为 13.4%。二者加在一起,占全国创意产业就业的 30%。这个比率在巴伦西亚(3.7%)和佛罗伦萨(1.9%)显著小于上述城市。

(2)从创意产业就业占地方就业的比重来看,专门化最高的城市是米兰(9.5%)和罗马(9%),随后是马德里(8.5%)和巴塞罗那(7.4%),而创意产业在佛罗伦萨(5.2%)和巴伦西亚(4.2%)似乎不太重要(见表 6)。LQ 的结果显示,LPS 在创意产业方面专门化程度比较高的是罗马(2.2)、米兰(2.07)、马德里(2.06)、巴塞罗那(1.79)。佛罗伦萨有相对较低的专门化值(1.23),而巴伦西亚则显示了很小的 LQ 值,只有 1.03。

(3)所有这些创意 LPS,除了巴伦西亚之外,都是多元化的。巴伦西亚的专门化体现在传统文化产业(见表 3)。在罗马、米兰、马德里和巴塞罗那,传统创意产业在地方总就业中占大约 5%的比重,而相同指标在佛罗伦萨和巴伦西亚为 3%~4%(见表 6)。非传统创意产业对米兰(占地方就业的 4.5%)和罗马(3.9%)都非常重要,这一重要性在马德里(3.2%)和巴塞罗那(2.4%)是降低的,而在佛罗伦萨(1.5%)和巴伦西亚(1.3%)就不那么重要。

(4)总之,所有的城市显示,具体的创意产业组合会造成不同的整体形态:罗马和米兰的传统创意产业和非传统创意产业比例较为平衡(分别为 56%比 44%和 53%比 47%),而马德里的传统创意产业在全部地方创意就业中占了很大比重(62%)(见表 7)。传统创意产业在地方总创意就业中比重高的城市是,巴塞罗那(68%)、巴伦西亚(70.3%)和佛罗伦萨(70.5%)(见表7)。

更详细地看,罗马的LPS最专门化的是电影、视频和表演艺术(占地方创意产业就业的26%),这主要是因为电影城坐落于此(见表7)。虽然米兰的软件和计算机服务在地方创意就业中占了34%,但米兰的状况是最平衡的。马德里的特点是国内创意产业大量的就业集中于此,主要是在出版印刷业(占地方创意就业的26%)和软件与计算机服务。巴塞罗那最突出的是出版印刷业在当地就业中的重要性(38%)。最后,佛罗伦萨和巴伦西亚的特点在于它们在传统创意产业上的专门化,佛罗伦萨相对专门化的是建筑与工程业,巴伦西亚在出版印刷业和建筑与工程业方面十分突出。

5. 结束语

本文是对意大利和西班牙创意产业及其地方化空间模式的比较研究。我们对创意产业进行了定义、衡量,主要集中在两类不同的创意产业:传统文化产业和非传统(技术相关的)创意产业。我们的主要目的是衡量两个国家创意产业的空间集中度形态,提出关于这些形态的对比证据。

意大利和西班牙创意部门的规模和欧洲国家的平均值相仿,意大利的创意产业规模(占全部就业的5.6%)大于西班牙(占全部就业的4.1%)。两个国家的传统文化产业都比非传统创意产业更为重要:意大利传统文化产业的就业占全部创意产业就业的比重为66%,西班牙是68%。

从创意产业的定义出发,用地方劳动力市场(LLM)作为地域单位,我们发现,意大利有62个地方创意生产体系(创意LPS)(占地方劳动力市场数的8.9%),西班牙有25个(占3.1%)。创意产业倾向于集中在创意LPS,在意大利,它们提供的就业岗位占创意就业人数

Caves, R. (2000) *Creative Industries: Contracts between Art and Commerce* (Cambridge, MA: Harvard University Press).

Cinti, T. (2008) Cultural clusters and cultural district: the state of art, in: P. Cooke and L. Lazzeretti(Eds)*Creative Cities,Cultural Clusters and Local Economic Development*, pp. 73—92(Cheltenham: Edward Elgar).

Cooke, P. and Schwartz, D. (Eds)(2007)Creative Regions: *Technology,Culture and Knowledge Entrepreneurship*(London: Routledge).

DCMS(Department for Culture, Media and Sport)(2001)*The Creative Industries Mapping Document*(London: DCMS).

European Commission, DG Employment and Social Affairs(2001)*Exploitation and Development of the Job Potential in the Cultural sector in the Age of Digitalisation*.

Flegg, A. T. and Webber, C. D. (2000) Regional size, regional specialization and the FLQ formula,*Regional Studies*, 34(6), pp. 563—569.

Florida, R. (2002)*The Rise of the Creative Class*(New York: Basic Books).

Florida, R. (2005)*The Rise of the Creative Class*(New York: Basic Books).

Florida, R. (2008)*Who's Your City? How the Creative Economy is Making Where to Live the Most Important Decision of Your Life*(New York: Basic Books).

Florida, R. and Tinagli, I. (2005)*L'Italia nell'era creative*(Milano: Creative Group Europe).

García, M. ,Fernandez, Y. and Zofio, J. (2003)The economic dimension of the culture and leisure industry in Spain: national, sectoral and regional analysis,*Journal of Cultural Economics*, 27(1), pp. 9—30.

Glaeser, E. (2005)Review of Richard Florida's *The Rise of the Creative Class*,*Regional Sciences and Urban Economics*, 35, pp. 593—596.

Hall, P. (2000)Creative cities and economic development,*Urban Studies*, 37(4), pp. 639—649.

Hansen, H. K. ,Vang, J. and Asheim, B. T. (2005)The creative class and regional growth: towards a knowledge based approach, Regional Growth Agendas Conference, Regional Studies Association, Aalborg, Demark, 28—31 May.

Hartley, J. (Ed.) (2005) *Creative Industries* (Oxford: Blackwell).

Hubbard, P. (2006) *City* (London: Routledge).

ISTAT, (2001) Census on industry and trade, Rome.

ISTAT, (2005) *I sistemi locali del lavoro. Censimento del* 2001, Direzione central censimento della Popolazione, territorio e anbiente, Roma.

Jacobs, J. (1961) *The Death and Life of Great American Cities* (New York: Random House).

Jacobs, J. (1984) *Cities and Wealth of Nations* (New York: Random House).

Jeffcutt, P. and Pratt, A. (2002) Managing creativity in the cultural industries, *Creativity and Innovation Management*, 11(4), pp. 225—233.

Koschatzky, K. and Lo, V. (2007) Methodological framework for cluster analyses, Working Papers Firms and Region, No. R1, Fraunhofer ISI.

Landry, C. (2000) *The Creative City. A Toolkit for Urban Innovators* (London: Sterling).

Lazzeretti, L. (Ed.) (2004) *Art Cities, Cultural Districts and Museums* (Firenze: Firenze University Press).

Lazzeretti, L. (2007) Culture, creativity and local economic development: some evidences from industries in Florence, in: P. Cooke and D. Schwartz (Eds) *Creative Regions: Technology, Culture and Knowledge Entrepreneurship*, pp. 169—196 (London: Routledge).

Lazzeretti, L. (2008) The cultural districtualisation model, in: P. Cooke and L. Lazzeretti (Eds) *Creative Cities, Cultural Clusters and Local Economic Development*, pp. 93—121 (Cheltenham: Edward Elgar).

Lorenzen, M. and Frederiksen, L. (2008) Why do cultural industries cluster? Localisation, urbanization, products and projects, in: P. Cooke and L. Lazzeretti (Eds) *Creative Cities, Cultural Clusters and Local Economic Development*, pp. 155—179 (Cheltenham: Edward Elgar).

Maskell, P. and Lorenzen, M. (2004) The cluster as market organization, *Urban Studies*, 41(5/6), pp. 991—1009.

McGranahan, D. and Wojan, T. (2007) Recasting the creative class to examine growth processes in rural and urban countries, *Regional Studies*, 41(2), pp. 197—216.

Menghinello, S. (Ed.) (2002) *Le esportazioni dai sistemi locali del lavoro. Mimensione locale e competiticità dell' Italia sui mercati internazionali* (Roma: ISTAT).

O'Donoghue, D. and Gleave, B. (2004) A note on methods for measuring industrial agglomeration, *Regional Studies*, 38, pp. 419—427.

OECD (2001) *Cities and Regions in the New Learning Economy* (Paris: OECD).

OECD (2005) *Culture and Local Development* (Paris: OECD).

OECD (2007) *International Measurement of the Economic and Social Importance of Culture* (Paris: OECD).

Power, D. and Scott, A. (Eds) (2004) *Cultural Industries and the Production of Culture* (London: Routledge).

Pratt, A. C. (1997) The cultural industries production system: a case study of employment change in Britain, 1984—91, *Environment and Planning A*, 29, pp. 1953—1974.

Santagata, W. (2004) Creativity, fashion and market behavior, in: D. Power and A. Scott(Eds), *Cultural Industries and the Production of Culture*, pp. 76—90 (London: Routledge).

Scott, A. J. (2005) *On Hollywood. The Place, the Industry* (Princeton, NJ: Princeton University Press).

Scott, A. J. (2006) Entrepreneurship, innovation and industrial development: geography and creative field revisited, *Small Business Economics*, 26(1/2), pp. 1—24.

Sforzi, F. amd Lorenzini, F. (2002) I distretti industriali. , in: Instituto per la promozione industriale (IPI), *L' esperienza italiana dei distretti industriali*, pp. 20—33.

Towse, R. (Ed.) (2003) *A Handbook of Cultural Economics* (Cheltenham: Edward Elgar).

Trullén, T. and Boix, R. (2008) Knowledge externalities and networks of cities in creative metropolis, in: P. Cooke and L. Lazzeretti (Eds) *Creative Cities, Cultural Clusters and Local Economic Development*, pp. 211—237 (Cheltenham: Edward Elgar).

Trullén, J., Lladòs, J. and Boix, R. (2002) Economia del conoscimiento, cuidad y competitidad, *Investigationes Regionales*, No. 1, pp. 139—161.

Von Hofe, R. and Chen, K. (2006) Whither or not industrial cluster: conclusions or confusions? *The Industrial Geographer*, 4(1), pp. 2—28.

Wojan, T. R., Lambert, D. M. and McGranahan, D. A. (2007) Emoting with their feet: bohemian attraction to creative milieu, *Journal of Economic Geography*, 7(6), pp. 711—736.

Wyszomirsky, M. (2004) Defining and developing creative sector initiatives, *Proceedings of the Workshop Creative Industries: A Measure for Urban Development?*, Vienna, Austria, 20 March, pp. 25—57.

乌多·史泰博(Udo Staber)
新西兰基督城坎特伯雷大学管理系
(Department of Management, Canterbury University, Christchurch, New Zealand)

文化产业网络的进化

[内容提要] 大多数对文化产业社交网络的研究都是从个人或组织参与者为中心的角度出发的,通常的假设都建立在(隐含的)参与者的属性和关系相对稳定的基础上。由此引起对网络的理解出现偏差,文化背景下的网络具有自发性、变异性和非均衡性特点。为了给"做创意工作"更多褒奖,我提出一个进化论框架,即用理念作为分析单位,关注在竞相争取人类注意力的环境中,理念的动态分布情况。

文化产业的广义定义是,生产对生产者和消费者具有表现价值的非物质产品和服务的产业[劳伦斯和菲利普(Lawrence and Phillips, 2002)]。文化产业是象征意义密集的创意部门,如文学、电影制作、表演艺术和时装,在混合商业利益和文化兴趣的背景下,参与者管理的是意义和身份。创新是关键,长期成功的文化组织和个人职业前景都依赖于持续更新现有资源和创造新资源的能力。

我们对创意的理解大量借鉴了社交网络方面的研究成果。社会关系充当着想象力和智慧流动的中介,并且使创意处于制度性环境内。网络构建了培育个人的创造力并将个人的智慧和想象力转化成集体创意的战略资源。文献中的传统研究方法是将文化产业或多或少描绘成具有持久性的关系结构,在这样的结构中,参与人之间的联系大约是由整个网络联结结构带来的。例如,对电影生产方面的典型研究就是关注那些有着不同属性(比如经验)的个人,他们通过各种关系联系起来(比如参与电影项目),嵌入在网络中,而网络设置是否能使参与者与产业分类的组织结构相匹配则是不确定的(如电影风格)。

本研究展现出的状况是,以地位提升[杰弗里(Giuffre,1999)]或职业发展[雅培和赫里凯克(Abbott and Hrycak,1990)]的形式分配对个人的奖励,以票房成功[德尔密斯特里等(Delmestri et al.,2005)]或全球扩张[扎克曼等(Zuckerman et al.,2003)]的形式分配对组织的奖励,在这个过程中,社会网络结构起着非常重要的作用。结构性分析在创意工作者劳动力市场、职业身份等方面,提供了有价值的见解。最有意思的发现常常是有悖于常理的,比如发现创意产业的职业结构并不必然是"无边界"的[扎克曼等(Zuckerman et al.,2003)],还有就是在类似市场化的项目中,"重复联结"的程度远大于人们可能给出的假设[弗瑞艾尼等(Ferriani et al.,2005);劳伦岑和弗雷德里克森(Lorenzen and Frederiksen,2005)]。

这些都是令人惊讶的发现,因为文化产业是通过引进新的往往是短命的产品来不断重构的。上述事实本身就应该激发研究人员从动态角度去探索社交网络的兴趣。然而,实证研究经常使用的方法很难确切解释社会关系是怎样推动参与者走向创新的。许多实证研究都是基于一个(通常是隐含的)假设,即参与者的属性不因时间和环境的变化而变化,不管相关性和意义如何,也不管结构是事先设定的而不是一个结果。有些时候,网络理论家们似乎认为他们研究的网络结构是外在给定的,忽略了其特有的内生性,而正是内生性给了网络(通常是归因于)灵活性。研究人员一般研究的是,参与者之间网络联结设置是如何影响信息流动的,而不是直接研究信息流的进化过程。对网络变化的实证研究非常匮乏,而那些的确把"时间"纳入分析框架的研究,也常常是为了比较过去和现在的结构,或是为了估计过去的结构的影响,而不是跟踪事件的演变过程。创意产业没有真正的均衡,行动的结果是难以预计的,即使研究设计中考虑了所有的参与者,也是如此。我们需要的是理解网络随着时间和穿越时间的动态变化。我认为,从进化的角度看社交网络的微观基础是可以达到这一目的的。

1. 进化型思考

创意产业为我们提供了一个丰富的、探究社交网络的性质和动态变化的研究领域。从某种程度上讲,创意生产需要通过面对面的互动,来辅助观察、促进竞争和即兴发挥,因而理念的交换多半与地点相关。这就解释了文化产业倾向于在地理上集聚的原因[斯科特(Scott,2004)]。地方历史和制度条例具有同质化效应[赛多和史泰博(Sydow and Staber,2002)],它们通常为持续改进组织形式和技术留下了足够的空间。许多文化集群的组成包括多种资源领域、竞争与合作的企业群体,和针对每一个群体的制度规则等。这样的集群内有着各种各样的限制和机会,为理念的进化提供了肥沃的土壤。

有意思的问题是,新的理念实际上是如何发生并成为社会共享的,到了可以显示出强大到足以维系创新的"独特光环"的程度吗? 发现和传递理念的过程是否引导人们接受作为创新行为源泉的共享思维模式? 要回答这些问题就需要知道理念是选择的基本单位,社会生态是理念种群(Populations of ideas)所处的环境,进化是理念的传达随时间而变化的过程。判断一个创意网络或集群是否已经出现,需要了解变化发生的机制。这一认识的关键在于种群思维(Populations thinking)和理解变异。种群思维迫使注意力集中在一个半封闭系统内的相似单位的分布上,而变异是组成变化的原材料[坎贝尔(Campbell,1969)]。

2. 以理念为分析单位

社会学和经济学关于知识是存在于个体还是存在于集体的问题，有大量的争论。一些学者认为集体结构，如组织和网络，是知识的来源，因而知识是一种新兴起的社会现象，不能单单归结于个人。其他人则将个人放在首位，认为个人的智慧比组织智慧更为重要，尽管个人可能也在组织内。这一争论并非微不足道，因为它针对的是我们认识文化产品产业的核心问题。例如，嵌入网络结构中的创意是独立于个体能力的吗？还是完全是由于个人具有判断信息、重新组合然后创造出新意的能力来驱动的？推动理念运动的机制是什么？

的确，网络结构对创意和创新是很重要的［佩里—史密斯（Perry-Smith, 2006）］。网络承载的期望和激励并不因个人思量他们自己的和其他人的理念而停止。尽管网络结构十分重要，但个人是智慧、感知［杰弗里（Giuffre, 2001）］和想象力［巴瑞特（Barret, 1998）］的最终载体［佛罗里达（Florida, 2002）］。要充分阐明网络的成果，我们必须从创意产业的核心单位开始，这个核心单位为创意工作者体验其领域并相互学习，提供原材料。创意工作是重新组合旧理念、形成新理念的过程，这需要人的头脑。如果网络确实是像人们正常假设的那样有很强的适应性［史泰博（Staber, 2001）］，那么适应性的来源的问题就变得异常重要。

我在此用"理念"这个词作总称，表示储存在人们头脑中的信息。从进化的角度看，需要开放心态意味着理念作为社会单位的局限性。理念不具有如基因在生物系统中同样的粒子质量，但是像基因一样可以表达为确定的存在或者不存在［道金斯（Dawkins, 2006: 33—35, 195—196）］。理念既是一般的也是特殊的。用理念这个词的好处在于，它的一般性使我们可以分析进化选择起作用的社会体制内的所有基本的微观元素，而不妨碍对于特定地方背景下选择的特点的讨论。它的相对的特殊性,使我们可以区分信息及其以符号表达的外部化。理念不能直接观察到,但是它们的符号表现(如词语、奖励、图画)和以公共属性的形式赋予它们的意义(如后现代风格、诺贝尔奖、时尚潮流)都是可视的。理念的外在表现包括媒介形式的物理体现(如图书、建筑),构成了选择可以进行的显性表达。

理论上讲,一个理念可以永远存活,但是和基因一样,它依赖于现存载体的传承能力。一个建筑杰作需要建筑物去承载"优秀"这个理念,但是同样的理念,随着时间的推移,可以通过各种媒体争相复制出来,例如电影纪录片或博物馆展览等。以理念进化为基础解释文化产业网络意味着,网络与其说是一个实体,不如说是一项活动,受各种理念竞相争取人类的注意力所驱动。理念的功能就是社会进化中的一种复制因子,与生物进化过程中基因作为复制因子相类似[道金斯(Dawkins,2006)]。

3. 理念的社会生态学

新理念是兴盛还是很快衰亡,取决于理念在竞相争取人类关注时所处环境的生态结构。创意工作者经常提及"创意地点"有种特殊的神秘性或感觉,阿尔弗雷德·马歇尔(Alfred Marshall)曾经将集群中知识特征描述为像是什么东西"在空气中"(1952)。这里所指的并不是孤立的理念而是一整套相关的理念,常常是聚焦于一个地方核心产业,例如密苏里的音乐剧场[奇利斯等(Chiles et al.,2004)]或威尼托的音乐[贝鲁西和赛迪塔(Belussi and Sedita,即将出版)]。社会生态意味着理念不是孤立的,但是只有和他人的理念结合在一起才会使创意生产成为可能。

进化地认识理念是如何在一个"理念综合体"中产生的,需要种群思维[迈尔(Mayr,2001)]。种群思维让人们注意到一个事实,即每一个单位体系都是由地方人群组成,而地方人群又是由独特、不同的单

文化产业网络的进化 167

位构成。例如,对广告和网页设计方面的研究描述了"项目生态"方面的组织理念[格雷伯和艾伯特(Grabher and Ibert,2006)]和"价值生态"[吉拉德和斯塔克(Girard and Stark,2002)],即不同领域有能力的参与者在一起生产出有新意的东西的环境。例如,电影集群整合了编导(剧院)、特技人员(网页设计)、编剧(作品)、编辑(出版)、经理(财务)、地方童子军活动(旅游)、音乐家(乐队)和服装设计(时装)等各方的理念。烹饪理念源于营养(健康)、呈现(架构)、评论(作品)、身份(心理学)和组织(大厨与服务员)等方面的观点。

在如曼哈顿这样地方的一个创意产业集群是多态的,包含有多个相关群组,如建筑、展会、广告、摄影和芭蕾舞等。鉴于相互交叉的关系,这些群组的边界模糊不清。而边界也是动态变化的,构成由社会造成的独特性,也被这样的独特性所构成。从进化的角度看,动态边界通过提供交流的机会而成为新变化的一个重要来源。从社会生态学的角度看,"理念池"中理念的相对频率最重要,而不是一个具体理念的适应度。如果我们想要了解一个网络或集群的集体思维定势是如何通过变异、选择和保留的过程而演变的,我们就需要知道,实际上理念是由人来解释的,而只有在其他对立的或互补的理念存在的情况下人才会去解释理念。

思维环境代表了多维资源空间,这其实对定义竞争的概念很有意义。"理念空间"不同维度之间相关程度的大小代表了思维种群相互区别的界限。人们可以想象,一个关注时装理念的集群是具有独特的行为和规范的思维种群,比如,模仿("我想要穿和其他人一样的服装")、创新("我想要成为潮流达人")、反叛社会("我要与众不同")或象征力("我的穿着要看起来很昂贵")等。各维度之间的相关性越高,越难以避免不同思维种群之间的竞争。相反,如果各维度不是完全相关的,那么种群之间也许会在某个维度上有交集,而在其他维度上则占据不同位置,这就使共同存在成为可能。例如,法国经典美食理念就没有被新潮美食运动所替代[劳欧等(Rao et al.,2003)]。

地方背景可以决定分割和混合机制的相对强度,这就解释了为什么在一个地方很容易兴起的新理念,而在另外的地方却不行。理念得以传播的可能性取决于竞相争取人类注意力的环境所达到的个性化程度。例如,可以预期,与表演艺术相关的理念在像柏林这样有着悠久艺术历史的城市会有更大的吸引力,而不会是在以葡萄酒"文化"为主的加利福尼亚纳帕谷。文化区专业化方式和企业是一样的,而且与主导区域核心观念相一致的理念具有生存优势。原因在于,一个充满反映核心理念的语义联想、象征性意义和文化表征的环境,可以触发人们去接受与核心理念相一致的新理念,但如果没有这种联结,情况就不一样了。

如果对理念传递过程中的因果机制没有了解,仅把理念进化描绘为由生态竞争推动的,并不全面。例如,出于不同的社会偏见,人们复制已有理念的倾向也有可能引发竞争。在选择理念的时候,群体一致性是一个强大的机制,而群体的社会结构就是传播所选择的理念的线索。规范的一致性原则是指,愿意遵循群体准则并选择符合群体期望的理念,无论什么理念。这一点可能在理念受到强大的文化准则和禁忌约束的情况下,尤为如此。例如,与青少年中流行的服装潮流和音乐有关的理念。

基于感知相互依赖或社会相似性的社会认同机制,可能也在理念的传递中发挥了作用[詹金斯(Jenkins,1996)]。理念生长最兴盛的环境是,拥有这些理念的人密切关注他们认为重要的其他人。通过和感觉相同或重要的一组人的认同感,一个被认为是有创意的人,不仅可以传播标志着创意的理念,而且可以传播看起来像创新指标的理念。如果这个人是一个成功的艺术家,那么她会被看成是其他人的榜样并因此可以传播她对什么是"好的"艺术的独特见解[杰弗里(Giuffre,2001)]。如果我们引入一个以社会认同感为重要特征的综合信任系统,比如创意集群,那么与认同感相关联的因素会确保人们在拥有自己的理念的同时还相互仿效。因此,社会认同使得可能涵盖的理念范围缩窄到群体中的大多数人共享的一套理念。

4. 理念的进化

理念进化也许可以用一般达尔文过程的变异、选择和保留来描述。理念种群的变异是可能存在的,比如容易受环境线索影响的理念。当一个理念在其所有者,不管是有意还是无意地,通过言辞或行动表达的时候,这个理念就被选择了。而哪一些理念被选择,则取决于适应性准则和不同环境下千差万别的竞争过程。可以想象,时装产业的网络,是根据制度规则[迪金利奇和埃那莫(Djelic and Ainamo,1999)]和地方权力星座[韦勒(Weller,2007)]的不同,沿着不同地区的不同轨迹进化的。选择是一个竞争的过程,由于人们的偏好和注意能力不同,因而在这个过程中有些理念得到承认,而有些理念就会被忽略掉。最后,所选择的变异必须保留足够长时间才能产生进化的影响。如果理念不被以某种方式记住,那么变化就是随机的,因而进化也就不会发生。尽管理念的保留不很完美,但确保了理念进化中的突变率不是很高,任何微小的环境扰动,比如有少部分读者不喜欢一个德高望重的作家的新书,不会对已有状况产生影响。

理念的进化适应度和理念对理念持有者的适应度的贡献之间,没有必然联系,理念持有者可以是个人、组织或者是网络。只要理念吸引到持续的关注,并且在其持有者被竞争淘汰或取代之前,有机会推广的话,它就会被复制。理念甚至可能超越环境界定其所有者的公共形象,例如"巴黎的春天"或罗马是"不朽之城"等。在保留取向很强的时候,有些文化集群也许会变成保守的不容易被新状况颠覆的社会思维模式。进化论观点认为,这种顽固的思维模式是因其具有在已有理念体系内不断复制的优越性而导致的结果[史泰博(Staber,2007)]。

原则上讲，新理念会随时出现，但它们的兴起受到地方环境中过去产生的理念的制约。在各种实际环境背景下对社交网络的研究中，大量证据发现，个体具有在已有结构内复制理念的一般性趋势，在进化的过程中创造路径依赖，就像在演艺市场上选择类型演员的过程一样［扎克曼等(Zuckerman et al.，2003)］。

一些情况下，理念在头脑与头脑之间的传递非常准确，强化了路径依赖。而另一些情况下，这种传递则是开放式的，受到误解、人际争斗和人类健忘的影响。这种开放性无论是意外发生的还是设计好的，进化论者都特别感兴趣。应该庆幸在感知、交流等方面存在的缺陷，它们是思维群体产生新变异、鼓励创意和创新的源泉。时装产业就是整套"知识社区"的例子，它的进化过程所受到的推动来自于"多重可变的移动维度之间偶然的交集，而只有少数是组织嵌入的"［韦勒(Weller,2007:41)］。这个行业内的一些创意被忠实地再现（如假冒），而有些创意则是已有形象的新组合。文学作品中，许多小说家的灵感就是从他们的观察而来，即"人们不断变换他们的故事……生活不必然是一个过程、一个简单的程序、一个可预期的模式"［罗斯(Roth,2001：161—162)］。创意过程的初期阶段可以看成是变化和实验的"原汤"，其中只有少数创意能组合成一个完整的故事。而在其后的阶段则更像图书管理员归档一样建立储存档案。社交网络理论家应该对识别那些能够最大限度接触不同模式的生态结构和选择过程更感兴趣［芒福德和古斯塔夫森(Mumford and Gustafson,1988)］。

5. 基于过程的研究方法

网络即结构的研究方法，不十分适合研究变化过程，因为它假设参与者的定位和理解是高度稳定的，而且认为网络是其成员"所属"或"嵌入于内"的。如果聚焦由此而来的社会嵌入性，忽略个人的认知和理念是社会互动高阶模式得以建立的基础，那么就很难解释模式中和现实中出现的任何变化。相反,进化论的视角将注意力导向判断新理念、将它们与旧的理念结合、并由此创造出新意等具体的活动上,这也是爵士乐音乐家们在即兴表演时所做的——"模仿、重复、保留大师们的独奏和短语"[巴雷特(Barrett,1998:606)]。拥有较多种类行为和序列的文化工作者,比那些活动有限的文化工作者,会更有创意。这一点对于组织也是类似的,经常更换工作程序的组织,其适应性也更强[彭特兰(Pentland,2003)]。

理念网络进化分析法,要涉及收集特定环境下的活动序列数据,例如写书或做一个电影项目。以相关个人叙述的故事作为行动词库的基础,用以对相关事件编码,这与对组织惯例的发展进行测绘编码类似[彭特兰和费尔德曼(Pentland and Feldman,2005)]。编码过程的结果就是一个与理念相联结的行动矩阵,这些理念是可以用熟悉的网络分析程序进行检测的[雅培(Abbott,2000)]。在用这种方法绘制的地图上,理念是节点,它们之间的关系是行动。

图1是一个不同密度的顺序网络示意图。对于这些顺序配置,有几种可能的解释。图中所缺乏的是偶发事件(如事件、状况、人员),这在区分时间排序和因果关系上也许很重要。实际上,有些行动发生在另一些行动之前,但并不必然意味着它们有因果联系。因此,要了解由正规的序列分析技术产生的网络结构,就需要对理论有相当的认识。而理论推理需要强调现实文化产业中的开放性和情境性特质。

标准的网络—分析技术,可以应用于与行动联结的理念,而这些行动与发现、诠释和传递新理念有关。在理论层面,行动可以分别用达尔文的进化算法的变异、选择和保留来表示。目标应该是寻找进化过程中理念和行动之间的因果关系,但要注意,很有可能顺序是多方向的,可能会重复,也可能不会,这要取决于进化的偶发事件。这样我们就可以假设不同形式的活动给与创意相关的结果带来怎样的影响,比如是否具有开创性、生成性或者特异性。网络设置可以作为一个综合度量，比如，衡量一个创意个人和组织网络的集体特质是如何逐渐形成的。集体特质也许是由复合结构支撑的，在复合结构中不同类型的活动使得理念之间的相互联结得以维系，即使有些类型的关联会消融。有些活动相对于"核心"活动而言，也许意味着"边界跨越"，具有调和不同理念的效应。一些新兴理念也许根本行不通，而有些其他的理念可能成为比较中心的理念，从而能够协调不同理念。核心理念可能是进化的机会点，也可能成为创意的"瓶颈"。从分析的角度整体解压网络设置，可以推断出整个理念体系的脉络结构[阿贝尔（Abell, 2004）]。

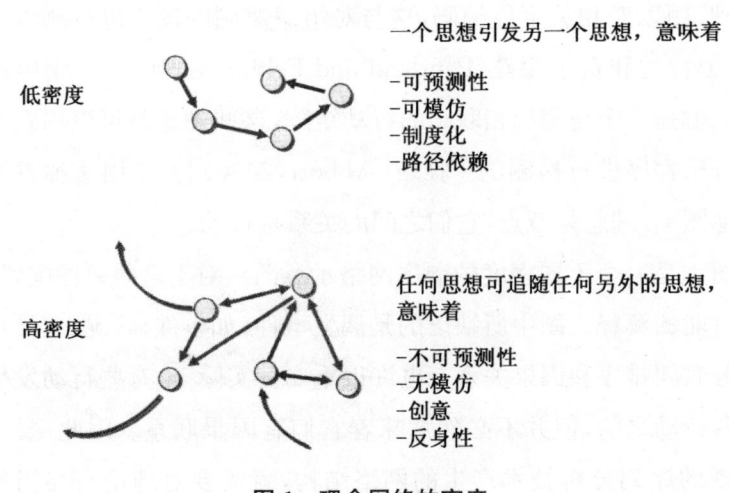

低密度

一个思想引发另一个思想，意味着
-可预测性
-可模仿
-制度化
-路径依赖

高密度

任何思想可追随任何另外的思想，意味着
-不可预测性
-无模仿
-创意
-反身性

图1　理念网络的密度

理念网络研究法并非没有挑战。首先的一个问题是，在哪里设定所要分析的网络的边界。一般研究实践中，确定一个事件的特定顺序的起点和终点可能很困难。传统方法是让参与者给出一个顺序的始终。但是，随着参与者在连接已有理念并将其结合成新理念的创意过程中"前进"，用这个方法标定边界不能解决理念是如何进化的问题。理念和顺序随机抽样会扭曲网络的真实变异性，这时就需要对样本法进行创新。

第二个方面的问题与可操作的分析单位定义有关。对于理念传播进行研究,需要各个理念足够独特,这样才便于观察。就像企业没有充分明确的业务和完整的形态、不能整体发展一样,人们一般是不会去捕捉混合形式的信息的。他们要取得的是可识别信息并将其作为独特的单位传递下去。查看大量关于组织惯例、能力、决策等诸如此类的分析文献可以发现,研究人员显然没有被界定理念的构成部分这样的实证困难所吓倒。理念的构成部分包含了参与者对收益和风险的理解、对他人意图的归因判断或认识他们自己的动机等。从进化论的角度看理念传播,不需要理念是清晰的有界实体。唯一的要求就是理念的差异是可辨的,而且这些差异能影响它们的成功再生产。

6. 结论

我认为,基于理念的微观基础去研究社交网络,将打开通常没有关注到的"做创意工作"过程的所谓"黑匣子"。如果我们接受组织和网络具有"集体头脑"这一说法的话[韦克(Weick et al.,2005)],那么不仅聚焦于个体互动而且聚焦于理念作为共享头脑的基础,就变得有意义了。如果我们赞同文化现象是流动的说法,那么我们的研究解决方案就需要去衡量这个流动性。我在本文中提出了鼓励从理念网络角度分析文化产业进化的几个问题。现将它们总结出来作为进一步研究的课题:

● 什么是新理念的起源?它们是从一系列有因果关系的初始条件下产生的,还是从短暂且关系松散的理念大杂烩中产生的?

● 理念是如何被选择和传播的?其中的关键机制是什么,是什么决定了不同背景下采用不同的机制?不同理念在保证其再生产的能力方面有差异吗?

● 理念是如何保留并如何克服惯性的?理念的进化是否收敛于一些可辨识的单位,其结果是开放的还是限制了理念承载者的选择?

这些都是文化产业社交网络进化论研究议程表上的中心问题，为的是寻求解释理念在媒介和社会结构之间循环关系中所起的作用。将此议程表转化为实证分析，就需要细化观测值以便追踪随时间和空间变化的具体网络的设置。所需要的数据量庞大，但由此可能得到的分析结果值得这样的努力。对文化产业社交网络微观层面的进化研究方法的优势在于，它提供了一个正规的概念化和操作化的构建方式（如创意、智慧）和被认为是创意产业理论化的核心过程（如学习、即兴创作）。进化论观点有助于我们理解在很大程度上前瞻性视角所特有的分散的和不确定的过程，这正好与许多社交网络研究以回顾性视角为主的特点相反。进化论方法通过聚焦于重要的理念异质性和竞争性，帮助我们去探索深层次生产结构的动态变化。如果我们想充分体会文化领域创意本质的话，这就是我们需要了解的。

参考文献

Abbott, A. (2000) Sequence analysis and optimal matching methods in sociology, *Sociological Methods and Research*, 29, pp. 3—33.

Abbott, A. and Hrycak, A. (1990) Measuring resemblance in sequence data: an optimal matching analysis of musicians' careers, *American Journal of Sociology*, 96, pp. 144—185.

Abell, P. (2004) Narrative explanation: an alternative to variable-centered explanation, *Annual Review of Sociology*, 30, pp. 287—310.

Barrett, F. (1998) Creativity and improvisation in jazz and organizations: implications for organizational learning, *Organization Science*, 9, pp. 605—622.

Belussi, F. and Sedita, S. (2008) The management of "events" in Veneto performing music cluster: bridging latent networks and permanent organizations, in: P. Cooke and L. Lazzeretti (Eds) *Creative Regions, Cultural Cluster and Local Economic Development* (Cheltenham: Edward Elgar).

Campbell, D. (1969) Variation and selective retention in socio-cultural evolution, *General Systems*, 14, pp. 69—85.

Caves, R. (2000) *Creative Industries: Contracts between Art and Commerce* (Cambridge, MA: Harvard University Press).

Chiles, T., Meyer, A. and Hench, T. (2004) Organizational emergence: the origin and transformation of Branson Missouri's musical theaters, *Organization Science*, 15, pp. 499—519.

Dawkins, R. (2006) *The Selfish Gene*, rev. edn (Oxford: Oxford University Press).

Delmestri, G., Montanari, F. and Usai, A. (2005) Reputation and strength of ties in predicting commercial success and artistic merit of independents in the Italian feature film industry, *Journal of Management Studies*, 42, pp. 975—1002.

Djelic, M. and Ainamo, A. (1999) The coevolution of new organizational forms in the fashion industry: a historical and comparative study of France, Italy and the United States, *Organization Science*, 10, pp. 622—637.

Ferriani, S., Corrado, R. and Boschetti, C. (2005) Organizational learning under organizational impermanence: collaborative ties in film project firms, *Journal of Management and Governance*, 9, pp. 257—285.

Florida, R. (2002) The economic geography of talent, *Annals of the Association of American Geographers*, 92, pp. 743—755.

Girard, M. and Stark, D. (2002) Distributing intelligence and organizing diversity in new media projects, *Environment and Planning A*, 34, pp. 1927—1949.

Giuffre, K. (1999) Sandpiles of opportunity: success in the art world, *Social Forces*, 77, pp. 815—832.

Giuffre, K. (2001) Mental maps: social networks and the language of critical reviews, *Sociological Inquiry*, 71, pp. 381—393.

Grabher, G. and Ibert, O. (2006) Bad company? The ambiguity of personal knowledge networks, *Journal of Economic Geography*, 6, pp. 251—271.

Jenkins, R. (1996) *Social Identity* (London: Routledge).

Lawrence, T. and Phillips, N. (2002) Understanding cultural industries, *Journal of Management Inquiry, 11, pp. 430—441.

Lorenzen, M. and Frederiksen, L. (2005) The management of projects and product experimentation: examples from the music industry, *European Management Review*, 2, pp. 198—211.

Marshall, A. (1925) *Principles of Economics* (London: Macmillan).

Mayr, E. (2001) *What Evolution Is* (New York: Basic Books).

Mumford, M. and Gustafson, S. (1988) Creativity syndrome: integration, application, and innovation, *Psychological Bulletin*, 103, pp. 27—43.

Pentland, B. (2003) Conceptualizing and measuring variety in the execution of organizational work processes, *Management Science*, 49, pp. 857—870.

Pentland, B. and Feldman, M. (2005) Organizational routines as a unit of analysis, *Industrial and Corporate Change*, 14, pp. 793—815.

Perry-Smith, J. (2006) Social yet creative: the role of social relationships in facilitating individual creativity, *Academy of Management Journal*, 49, pp. 85—101.

Rao, H., Monin, P. and Durand, R. (2003) Institutional change in Toque Ville: nouvelle cuisine as an identity movement in French gastronomy, *American Journal of Sociology*, 108, pp. 795—843.

Roth, P. (2001) *Reading Myself and Others* (New York: Vintage International).

Scott, A. (2004) Cultural-products industries and urban economic development: prospects for growth and market contestation in global context, *Urban Affairs Review*, 39, pp. 461—490.

Staber, U. (2001) The structure of networks in industrial districts, *International Journal of Urban and Regional Research*, 25, pp. 537—552.

Staber, U. (2007) A matter of distrust: explaining the persistence of dysfunctional beliefs in regional clusters, *Growth and Change*, 38, pp. 341—363.

Sydow, J. and Staber, U. (2002) The institutional embeddedness of project networks: the case of content production in German Television, *Regional Studies*,

36,pp. 215—227.

Weick,K. ,Sutcliffe,K. and Obstfeld,D. (2005)Organizing and the process of sensemaking,*Organization Science*,16,pp. 409—421.

Weller, S. (2007)Fashion as viscous knowledge: fashion's role in shaping trans-national garment production,*Journal of Economic Geography*,7,pp. 39—66.

Zuckerman,E. ,Kim,T. ,Ukanwa,K. and von Rittmann,J. (2003)Robust identities of nonentities? Typecasting in the feature-film labor market,*American Journal of Sociology*,108,pp. 1018—1074.

内容和编者简介

　　创意定义为个人、团体或社会产生的新颖且适合的想法或产品。一个有创意的想法或产品必须是新颖的。然而只是新颖还不够（一个新颖的想法有可能是荒谬而可笑的），一个有创意的想法或产品还必须达到某种程度的社会认同。创意分析中的个人主义创意论过高估计了个人及其能力的作用（即天才的神话）。相反，社会—文化分析法强调创意过程中环境所起的作用：社会、文化和历史阶段。因此，个人被视为许多相互交叠的社交群体中的一员，而每一个群体都有自己的网络，每个网络都具有特定的结构和组织，影响着潜在创意思想网络的创造。每个个人也是文化的一分子，文化给了他或她用以认识世界的独特视角。最后，每一个个人都是一个特殊历史阶段的代表。从管理的角度看，深化包括空间和认知方面有利于整个文化产业"情境创意"（situated creativity）方面的知识，是十分重要的。本特辑试图通过理论和实证研究方面的成果，建立起这样的知识。

　　菲奥伦萨·贝鲁西（Fiorenza Belussi），英国萨塞克斯大学科学政策研究中心的博士，目前在意大利帕多瓦大学政治学系任经济学和管理学副教授。主要研究兴趣：创新管理、国际商务、低技术和高技术部门的企业动态、工业区划和集群。她还在《国际技术管理》《期货》《欧洲计划研究》《研究政策》《剑桥经济学杂志》《城市研究》等期刊上发表过文章。

　　西尔维娅·丽塔·赛迪塔（Silvia Rita Sedita），经济学和企业及本地系统管理博士，目前在帕多瓦大学政治学系任经济学和管理学助理教授。主要研究兴趣：工业区划、集群、创新网络、实践社区和组织间学习。在国际专业论文集和科学期刊上发表过文章，例如《研究政策》《城市研究》《欧洲计划研究》《产业与创新》等。

本书是作为《产业与创新》期刊的一个特辑出版的。